生徒指導の"ほうれんそう"の仕方

チーム学校から保護者対応まで

編著 片山紀子・吉田順

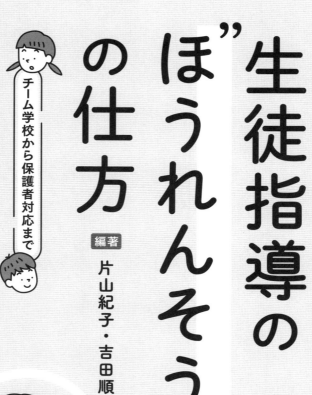

学事出版

はじめに

　これから教員になろうとする学生の多くが、保護者対応を苦手だと考えています。保護者対応を理由に教員になることを敬遠する学生すらいます。

　すでに教職に就いている現職教員からは、保護者との間で起きるトラブルを頻繁に耳にしますし、その対応にたいへん苦慮していることもよく聞きます。保護者とうまく意思疎通ができるかどうかは、若手にとってもベテランにとっても気がかりなことだといえるでしょう。

　若者が、保護者に対して不安を抱くのは、モンスターペアレンツという言葉が出てきたことによって、保護者を厄介な存在として捉えることが、学生にあるいは現職教員に刷り込まれているのかもしれませんし、あるいはいじめ重大事態などでメディアに登場する保護者あるいは弁護士が、学校に対して強い不満を述べている姿を頻繁に見かけるからかもしれません。

　ただ実際には、保護者の側も、教師から保護者は難しい存在であると見られていることを自覚しています。言いたいことも言えず、もやもやしている保護者も少なくないはずです。こうして教員と保護者との間にすでに壁があるのが、まずは大前提だということを認識しておく必要があります。

　筆者は、いじめ事案に関わることが多いのですが、実は教員と保護者との関係が崩れる原因に、教員による"ほうれんそう"の欠如が潜んでいることをたびたび実感しています。"ほうれんそう"がなされないことによって、些細と思われる小さな事案が、想像を超えた大きな事案になってい

るのです。

　いじめは、「いじめ防止対策推進法」で広義に定義されてもいますから、教室の中で頻繁に起きるものです。その際、"ほうれんそう"がうまくいかないと、保護者からのクレームにつながりますから、担任は精神的につらくなり、精神性疾患による休職に追い込まれることもあります。

　反対に、"ほうれんそう"がしっかりできて、信頼のおける教員であれば、保護者は安心してわが子を任せることができます。まず教員に対してクレームを言おうとするような気持ちにはならず、せいぜい相談の連絡がくるだけでしょう。"ほうれんそう"の出来不出来が、保護者対応のゆくえを決めると言っても過言ではありません。

　"ほうれんそう"のできる教員は、管理職や同僚からしても安心して仕事を任せられます。職場で安心感を持ってもらえるかどうかは、働く環境を左右し、自分にも確実に利があります。"ほうれんそう"ができるかどうかは、学校で楽しく仕事ができるかどうかの岐路になるのです。

　2022年に改訂された『生徒指導提要』には、第3章「チーム学校による生徒指導体制」としてチーム学校について記されています。そのチーム学校は"ほうれんそう"なしには成立しません。

　ところが、『生徒指導提要』をどこまで読んでも、チーム学校のキホンのキである"ほうれんそう"については記載がありません。つまり、『生徒指導提要』は教員が、"ほうれんそう"を当たり前にできる前提で書かれているのです。

　しかし現実には、うまく"ほうれんそう"ができないから事案が大きく

なるのです。"ほうれんそう"がスムーズにできれば、多くの事案は小さいうちに解消できます。"ほうれんそう"が組織の日常に組み込まれていれば、自ずとチーム学校になっていくのです。

　ただし、"ほうれんそう"については、大学でも教員研修でも詳しく教えられることはありません。せいぜい、「連携」という言葉でそれらしく誤魔化して伝える程度です。

　このままでは危ないと考え、"ほうれんそう"のキホンを本書で取り上げることにしました。たとえキホンに則ってやったとしても、実際には、大きな問題となることもあります。

　ただ、本書を参考にしていただけば、大ごとになるリスクはかなり低減できるはずです。これから教員になる方も、すでに教員になっている方も、本書をご活用いただければ幸いです。

　なお、本書を執筆するにあたっては、京都教育大学大学院連合教職実践研究科での教え子である安藤圭亮さん、及川亜里紗さん、扇拓也さん、扇維茉莉さん、狩屋壱成さん、熊本瑛人さん、隅田愛夏さん、西尾祥己さん、水野雄希さん、山下和花子さん、かつての勤務先である国士舘大学文学部でゼミ生であった堀江菜摘さんにご協力いただきました。それぞれの現場での体験談が、本書をより豊かにしてくれたことは間違いありません。心より感謝申し上げます。

2024年 冬　片山紀子

目　次

はじめに　　3

1章　"ほうれんそう"とは　　9

1．"ほうれんそう"とは　　10
2．"ほうれんそう"の欠如で保護者とトラブルに　　11
3．引き継ぎも"ほうれんそう"の一つ　　14
4．"ほうれんそう"の欠如が、三位一体のドロドロを招く　　16
5．『生徒指導提要』には記されていない"ほうれんそう"　　19
6．学校のチーム化が進むとますます"ほうれんそう"が必要になる　　21
7．"ほうれんそう"ができるには、知識を備え、感度を高くする　　22

2章　"ほうれんそう"の悪い例　　25

1．新採1年目教員の振り返り　　26
2．若手の振り返り　　32
3．中堅・ベテラン教諭の振り返り　　38

3章　"ほうれんそう"の初期情報から最終情報へ　　41

1．何をもって"情報"というのか？　　42
2．切り取る"始点"をどこにおくか　　49
3．"初期情報"から"最終情報"へ　　51

4章　よい"ほうれんそう"のポイント　　55

1．一般的には些細なことだと思っても、"ほうれんそう"する　　56
2．対応してみないと、些細なことかどうかはわからないものがある　　57
3．些細なことも話せる学年主任、指導部でないといけない　　61
4．いつ"ほうれんそう"するのか　　63
5．誰に"ほうれんそう"するのか　　65
6．何を"ほうれんそう"するのか　　66

7．早く対応するために、どのように"ほうれんそう"するか　67

8．常に"最悪"を想定して、その後の様子を見守る　70

9．保護者と見守るために"ほうれんそう"する　72

10．できるだけ会合の数を減らすために一度ですませる工夫をする　75

11．必ず今後の対応方針の"原案"をつくり助言をもらう　76

12．組織的対応には的確な"ほうれんそう"が不可欠　78

5章　保護者対応と"ほうれんそう"　83

1．保護者とは　84

2．保護者への"ほうれんそう"を怠ると子どもが危機に陥る　87

3．保護者に"ほうれんそう"する前に、「聴き取り」と「記録」を終える　91

4．重要なことは子どもより先に保護者に伝える　93

5．子どもの口から保護者に伝えてもらうのもよい　94

6．保護者に対して、まずいことも伝える　95

7．対面と電話やメールでの"ほうれんそう"を使い分ける　96

8．保護者にわかるように説明する　97

9．保護者と一緒に考える　99

10．グレーゾーンがあることを肝に銘じておく　100

11．保護者と関わる力をつけるには　101

12．それでもだめなときは通りすぎる　105

6章　管理職や教務主任・生徒指導部長（主事）・学年主任の "ほうれんそう"対応　107

1．チーム学校は"ほうれんそう"を意識することから始まる　108

2．"ほうれんそう"の欠如は、学校の不祥事につながる　111

3．"ほうれんそう"の仕方を教える　112

4．学年主任や生徒指導部長（主事）・管理職は、アドバイスしすぎ？　121

5．ただし、細かなことまで"ほうれんそう"させるのは厳禁　123

7章 情報の収集は"ほうれんそう"だけを待ってはいけない 125

1. どんな情報にも対応する姿勢があるか　127
2. "ほうれんそう"してよかったという経験をさせているか　129
3. "ほうれんそう"しやすいシステムがあるか　130
4. 自ら集める労力を惜しまない　132

8章 "ほうれんそう"の事例検討 133

1. 事例　134
2. 事例の振り返りから　138
3. 文部科学省の通知から　142
4. いじめ防止対策推進法の確認　145

9章 "ほうれんそう"のための記録 149

1. "ほうれんそう"には記録が必要　150
2. 些細と考えるときの"ほうれんそう"と記録　152
3. いじめ初期対応における"ほうれんそう"と記録　154
4. ケース会議後の"ほうれんそう"と記録　156
5. アセスメントシートや支援計画を活用した"ほうれんそう"　158
6. 希死念慮の発見時における"ほうれんそう"と記録　160
7. "ほうれんそう"と記録がある校内体制　163

10章 "ほうれんそう"で情報を共有した後のすすめ方 167

1. 事実がわかり、双方に非があった最終情報　169
2. 加害者と被害者の事実が一致した最終情報　172
3. 双方の事実が一致せず、加害者が非を認めなかった最終情報　175
4. 加害者がわからなかった最終情報　178

おわりに　181

1章

"ほうれんそう" とは

1 "ほうれんそう"とは

　生徒指導は、まさに人相手の仕事で、絶対にこうすればうまくいくという法則のようなものはありません。人が相手なので、相手の考えや性格は異なりますし、一つひとつ事案の内容やそれぞれの背景も違うからです。とはいえ、キホンを押さえておけば大きく失敗することはありません。

　生徒指導のキホンのキは、"ほうれんそう"です。"ほうれんそう"ができなければ、あちこちで情報が途絶え、小さな事案はそのうち大きくなり、時にはマスコミを賑わすような大きな事案になってしまいます。

　さて、現場でよく使われる"ほうれんそう"って、一体何のことでしょうか？　まず「ほうれん」とは、報告・連絡のことで、通常は一方通行で、相手に知らせた時点でいったん終了します。残りの「そう」は、相談のことで、自分が判断に迷うとき、相手に意見を求めることです。学校では、管理職や教務主任、生徒指導部長（主事）、学年主任、同僚に相談して、意見を求めるのは日常的な行為といえます。

　現実の学校を考えると、報告・連絡・相談とそれぞれ厳密に区別できるものではありません。報告・連絡・相談は重なり合うことが多いため、本書では特別に区別することはせず、"ほうれんそう"と、ひとまとめに記すことにし、必要に応じて報告、連絡、相談をそれぞれ用いることにします。

1章　"ほうれんそう"とは

2 "ほうれんそう"の欠如で保護者とトラブルに

　子どものけがなどは、当然、すぐに保護者に"ほうれんそう"しなければ、即刻大ごとになりますから、それについては言うまでもありません。

　ただ、学校現場では即刻連絡しなければならないようなことよりも、むしろ判断に迷うような出来事がよく起きるのではないでしょうか。それを個々の教員で「これは大したことではない」と勝手に判断して"ほうれんそう"しないと、教員が心身ともに疲弊するような大きなトラブル、つまり大ごとになることがよくあります。

　ちょっとした小さなトラブルだと考え、保護者や同僚への"ほうれんそう"の仕方がまずかったり、欠いたりしたために、保護者との間で摩擦が起きた例をいくつか見てみましょう。

❶伝え方がまずかった。

　ある若い先生は、母親にきちんと"ほうれんそう"をしようと、子ども同士のトラブルを電話で報告したのですが、その後父親から電話があり、「あなたは、教師に向いていない」と言われてしまいました。その父親から連絡があったときは、「私はきちんと対応しているし、電話で報告もしたのに、一体父親は何を言っているのだろう。なんでこんな言われ方をしないといけないのだろう……」と、腹立たしく思ったそうです。

　しかし、冷静に思い返すと自分の"ほうれんそう"の仕方に非があったのではないかと思うようになりました。「一生懸命伝えたつもりだったけ

れど、上から目線になっていたかもしれない」と。

　おそらく保護者には、「あなたのお子さんはとても悪いことをしましたよ。ちゃんとしつけてくださいね」というふうに、聞こえたのでしょう。電話をかける前に、学年教員の間で事前に少しでも"ほうれんそう"していたら、自分の言い方も是正されていたかもしれないと反省したそうです。

筆者のひとこと

　教員がどんな姿勢で生徒指導をしているのかは、他者から簡単に見透かされてしまいます。それが保護者に"ほうれんそう"したときの言葉に表れたのでしょう。マニュアル通りに、機械的に表面的な言葉を単に並べてしまうと、保護者には教員が上からものを言っているように聞こえてしまいます。同僚に相談もせず、単独で行ってしまったことも、独りよがりな伝え方につながったのでしょう。

　学校はそもそも権威を備えた機関ですので、普通に話をしても、自ずと教員が上から言っているように受け取られてしまいます。教員は保護者に対してへりくだるべきだなどと述べているわけでは全くありません。教員や学校の置かれた立ち位置そのものを認識すれば、マニュアル通りに機械的に単に表面的な言葉を並べることが、どういう結末を招くのかを想像することができるでしょう。教師はよく「そんなことをされたら、あなたはどう思う？」と子どもを諭します。それと同じことです。保護者の立場だったら「教師である自分の言葉を聞いて保護者がどう思うか」です。"ほうれんそう"は、単に「すればそれでよい」というものではありません。

1章　"ほうれんそう"とは

❷担任を替えてほしいと言われた。

　振り返ると、Ａさんに小さなトラブルが起きたのは５月のことです。同じ子どもに次のトラブルが起きたのは７月です。５月も７月も子どもに対して、軽く注意をしました。いずれも担任は、大したことではないと思い、保護者に"ほうれんそう"することはありませんでした。

　ところが10月になって、母親が校長に「担任を替えてほしい」と言ってきたのです。しかも強力に……。

　親として行かせられないと判断する要因となったのは、担任への不信感にありました。それまでに担任は保護者から何回か電話をもらっていたのに、母親の困りには気づけず、担任から"ほうれんそう"することもしていませんでした。振り返れば、お気楽な対応をしていたことになります。

　５月や７月の小さなトラブルの時点で、担任は「点」でしか捉えていなかったのです。「点」と「点」を一つの「線」で捉えられたのは随分後になってから、つまり母親が校長に訴え始めてからのことでした。

筆者のひとこと

　もっと早く保護者に"ほうれんそう"すべきだったと思っても「時すでに遅し」です。教員には、早い段階で「点」と「点」を「線」で捉える感度が求められます。これは危ないという動物的嗅覚とでもいうべき感度と判断力が必要なのですが、当時この先生には子どもの表面しか見えておらず、その背後にあることまで理解しようとしていなかったのです。

3 引き継ぎも
"ほうれんそう"の一つ

　引き継ぎも"ほうれんそう"の一つです。教員の異動は学校につきものですから、誰かが異動すれば引き継ぎ事項は生じます。教員が他の学校に異動しなくても、学年が変われば、通常は担任も変わります。引き継ぎは学校の当たり前です。

　校内での引き継ぎなど、できて当たり前と思われるかもしれませんが、意外とできていません。特に学級担任が多くの情報を握る小学校では、子どもの特性など指導に関わる情報や保護者とのやりとりで得られた重要な情報が次の担任に共有されていないことがよくあります。

　ある中学校の話です。「言いたくもないのに勇気を出して娘の病気のことを担任に伝えて、座席だけでも配慮してほしいとお願いしたはずなのに、全然配慮してくれない」と、母親から新担任が詰め寄られました。

　またある小学校では、「去年うちの娘がいじめられたので対応してほしいと言ったのに、何もしてくれなかった。新しい担任になった今年も、友達に悪口を言われて帰ってきた。一体学校は何をしているのか！」と、両親が学校に乗り込んで来ました。

　どちらも担任は、その学校に異動してきたばかりで、突然の抗議に驚くばかりでした。どちらの学校も引き継ぎの"ほうれんそう"が全くできていなかったのです。異動してきた教員は気の毒です。情報を伝えられていないために、移動した初っ端から非難され、不快な気持ちを味わわなくてはなりませんでした。

1章 "ほうれんそう"とは

　引き継ぎがなされていないということは、保護者からは全くわかりません。保護者からすると、前担任のときからすでに強い不信感を持っていれば、次に何かトラブルが起きたとき、激怒したとしても不思議ではないでしょう。

　教員の異動を前提にした情報共有が大事です。いじめ事案などがあれば、必ず引き継いで配慮するようにするのがキホンです。個人ではなく校内全体で引き継ぐ仕組みが必要です。引き継ぐ仕組みはその学校に合ったやり方を考えたらよいです。

　引き継ぐためには、記録しておかなければなりません。例えば、病院や福祉施設では当たり前に記録を残し、習慣としての引き継ぎがなされています。気になることを引き継ぐ習慣が乏しいと、子どももスムーズに新しい担任に馴染めませんし、保護者との間にもトラブルが増えます。

（記録の書き方の詳細については、周防美智子・片山紀子編著『生徒指導の記録の取り方 個人メモから公的記録まで』学事出版、2023 を参照ください。）

4 "ほうれんそう" の欠如が、三位一体のドロドロを招く

　保護者の対応が難しくなったと言われますが、もう少し正しく表現すると、子ども・保護者・教員（学校）の三位一体となったトラブルが顕著に表面化しているのが、今日の特質です。

　子ども間で起きるリアルなトラブルや子ども同士でSNS等を通じて起きるネットトラブルなどがいったん起きれば、子どもに代わって保護者も入ってくるので、保護者同士でもめます。

　そこに教員（学校）も分け入ると、子ども・保護者・教員（学校）が、三位一体となって、混沌としたドロドロの争いに転じていきます。この三位一体型のドロドロしたトラブルがあちこちで起きているのです。

　2013年に「いじめ防止対策推進法」が国会で成立したことにより、子ども同士のいじめに弁護士が入ってくることが日常的なものになっています。法により、いじめは広義に示されていますし、法の趣旨はいじめが小さいものであっても対応し、子どもの安全や命を守ることにありますから、訴えが増え、対応も増すというのは自然な流れです。保護者が訴えることも、法に基づくものですから正当なことです。

　本来は、国が法を整備したのであれば、対応する人材を学校に配置すべきだと筆者は考えますが、実際はそうなっておらず、教員が過度に仕事を抱えてしまっているのが現状です。右の**図1**にいじめ重大事態件数の推移を示します。近年は増加の一途をたどっています。

　また、**図2**は教員の精神性疾患休職者の推移を表したものです。精神性

16

1章 "ほうれんそう" とは

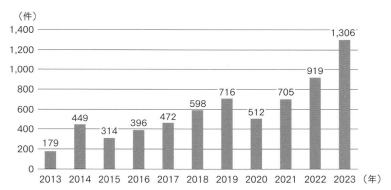

図1 「いじめ防止対策推進法」に基づく重大事態事案の発生件数の推移

出典：文部科学省初等中等教育局児童生徒課「令和5年度 児童生徒の問題行動・不登校等生徒指導上の諸課題に関する調査結果について」（令和6年10月31日）

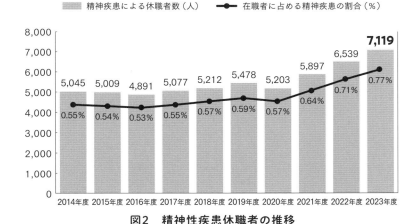

図2 精神性疾患休職者の推移

出典：文部科学省「令和5年度 公立学校教職員の人事行政状況調査について」令和6年12月20日をもとに作成。

17

疾患による休職者のうち、保護者対応をきっかけとした精神性疾患での休職も少なくないようです。

　精神性疾患になった教員は、「今日も保護者が学校に来校されると思うと、朝から気が重い」「布団から出られず起きられない」「寝つきが悪い」「一晩中寝られない」「寝られないまま学校に行かなくてはならない」「同僚は気を遣ってくれ、敢えてその話題に触れないのだが、その気遣いが逆につらい」「同僚全体からできないやつと思われている気がして、目線が上げられない」「教室に行っても、授業をしても、笑うことができず顔がこわばっている」といった状況になると言います。

　もちろん、保護者からの不当な要求など、本来あってはなりません。ただ"ほうれんそう"の欠如など自ら原因をつくってしまえば、自業自得と言われても仕方ない部分もあります。教員としてあるいは学校として防げる部分は防ぎ、ダメージを被ることのないようにしたいものです。

1章　"ほうれんそう"とは

5 『生徒指導提要』には 記されていない"ほうれんそう"

　2022年に改訂された『生徒指導提要』には、第3章でチーム学校による生徒指導体制について記されています。例えば、提要の1.3.4「チーム支援による組織的対応」には以下のようにあります。

　深刻化、多様化、低年齢化する生徒指導の諸課題を解決するためには、前述のように、学級・ホームルーム担任が一人で問題を抱え込まずに生徒指導主事等と協力して、機動的連携型支援チームで対応することが求められます。また、対応が難しい場合は、生徒指導主事や教育相談コーディネーター、学年主任、養護教諭、SC、SSW等校内の教職員が連携・協働した校内連携型支援チームによる組織的対応が重要となります。さらに、深刻な課題は、校外の関係機関等との連携・協働に基づくネットワーク型支援チームによる地域の社会資源を活用した組織的対応が必要になります。課題早期発見対応や困難課題対応的生徒指導においては、チームによる指導・援助に基づく組織的対応によって、早期の課題解決を図り、再発防止を徹底することが重要です。また、発達支持的生徒指導や課題未然防止教育においても、チームを編成して学校全体で取組を進めることが求められます。

　上記で引用した箇所だけでなく、その他のチーム学校に関する箇所を含め、どこまで読んでも、チーム学校のキホンのキである"ほうれんそう"

19

は登場しません。つまり、提要で示されていることは、教員がうまく "ほうれんそう" ができる前提で、あるいは当たり前に "ほうれんそう" ができる前提で書かれているのです。

　しかし、実際には "ほうれんそう" ができないから大ごとになるのであって、"ほうれんそう" がスムーズにできれば、自ずとチーム学校はできていくのです。個々人が "ほうれんそう" をしてくれなければ、周りもフォローすることができません。

　いくらチーム学校と叫んでみても、あるいはチーム学校の理念が正しく示されたたとしても、残念ながらそれだけでは、チーム学校は実現できないのです。

　子どものコミュニケーションスキルがないとか、子どものソーシャルスキルが不足しているなどと言っている場合ではなく、教員のコミュニケーショスキル、具体的には "ほうれんそう" がうまくできていないことが、チーム学校のボトルネックになっています。

　"ほうれんそう" は生徒指導の脇役のように言われることが多いのですが、そうではなく生徒指導のキホンのキです。それさえうまくできれば、情報の途絶がなくなるわけですから、チーム学校はある程度形になります。いじめ重大事態やそれにまつわる保護者対応で苦労することも激減するはずです。

1章 “ほうれんそう”とは

6 学校のチーム化が進むとますます “ほうれんそう”が必要になる

　生徒指導でチーム化が叫ばれていることは周知の通りですが、学校現場ではチーム化がさらに求められるようになってきました。一例としては、固定された学級担任制ではなく、チーム担任制へ移行する動きが見られます。

　チーム担任制とは、複数の先生で学年を担任することです。具体的には、３クラスを４人の先生で担当し、４人の先生が３クラスをローテーションしていくなどの形を取り、学級担任を固定しないものです。

　そのほか、担任不足への対応や教員の負担軽減の観点から、教科担任制とチーム担任制をミックスする学校も見られます。このように、担任もチーム化する傾向にあるのです。

　チーム化が進むと必要になる技が、他の教員や管理職に“ほうれんそう”する技です。もし“ほうれんそう”がうまくできずにことが大きくなれば、責任は自分だけではなく、チームの責任になってしまいますから、同僚との関係もうまくいきません。

　学校でチーム化が進めば進むほど、“ほうれんそう”は、必須になりますし、“ほうれんそう”がサラリとできないとことが大きくなるだけでなく、学校では今後ますます働きにくくなると考えます。

21

7 "ほうれんそう"ができるには、知識を備え、感度を高くする

「せっかく二者面談や三者面談で保護者から情報が寄せられたのに、担任に危機感が全くない。保護者から話に出たのであれば、早く伝えてくれさえすれば……」。こんな声が、職員室でときどき漏れ聞こえます。

いじめ第三者調査委員会の報告書でときどき見かける指摘に、いじめに対する「感度が低い」というものがあります。もし感度の高い教員であれば、例えば、「この保護者からの電話連絡はなぜだ?」「保護者は、本当のところ何を訴えているんだろう?」と考えて、急いで周りから情報収集し始めるからです。これから先、起こり得る子ども同士のねじれ、あるいは保護者への対応がどうなるか等を素早く予測して行動に移すのです。

緊急の度合いも含めてよくわからないというのであれば、とりあえず学年主任や管理職に"ほうれんそう"します。早く対応しないと事態がもっと悪化しそうだと考えれば、一刻も早く周りの教員や保護者に"ほうれんそう"するでしょう。「生徒指導に情報は必須」で、「生徒指導は情報戦」でもあるからです。

もし今読んでおられる方ご自身が管理職ということであれば、教育委員会へも"ほうれんそう"することになります。一方、初任の先生であれば、"ほうれんそう"したら、それでとりあえずミッション終了といってよいくらいです。あとは受け取った相手(学年主任や管理職)がどう動くかです。

もしかしたら、「感度が低いと言われても、何を報告したらよいのか、

1章　"ほうれんそう"とは

しなくてよいのかがわからない」と思う方がいるかもしれません。それは、おそらく生徒指導に関する知識がまだ浅薄だからです。

　ときどき驚かされるのが、「いじめ防止対策推進法」の名称だけ知っていて、中身を知らない先生です。もちろん法の全部を理解する必要はありませんが、例えば、法の第28条の重大事態に関するあたりは知っておく必要があります。管理職がそれを把握していないときは、本当に呆れてしまいます。

　生徒指導事案は、一定の知識も備えた上で、最悪の事態を予想して動くのが鉄則です。なぜならば、子どもの命がかかっているからです。教員が困っているその比ではなく、子ども本人や保護者が困っているのです。知識もなく、"ほうれんそう"もできなければ、やがて保護者から責められても仕方がありません。

〈引用・参考文献〉
- 今井繁之（2004）『気のきいたホウ・レン・ソウ』三笠書房
- 今井繁之（2008）『ホウ・レン・ソウの基本　これだけシート』ディスカヴァー・トゥエンティワン
- 片山紀子（2024）『五訂版　入門生徒指導　「生徒指導提要（改訂版）」を踏まえて』学事出版
- 片山紀子編著（2024）『生徒指導の聴き取り方　場面設定から質問技法まで』学事出版
- 周防美智子・片山紀子編著（2023）『生徒指導の記録の取り方　個人メモから公的記録まで』学事出版
- 細川馨（2015）『新版　リーダーが実行する新ホウレンソウの本』KADOKAWA

2章

"ほうれんそう"の
悪い例

1 新採1年目教員の振り返り

（1）"ほうれんそう"を待っていたら情報が得られなかった

　新規採用者として4月から学校で勤務し始めて、一番はじめにぶつかった壁が"ほうれんそう"の難しさでした。

　情報共有をする相手には、学年教師団、管理職以外に、栄養教諭や養護教諭などの立場の先生方がいます。私が担任している学級では、アレルギーを持っている子どもがいます。

　ある日、その日の献立を食べることが難しく、代替食を家庭から持参することになっていましたが、その子どもは当日、代替食を持ってくるのを忘れていました。

　私はその日の朝に保護者の方へ電話をかけました。しかし、電話に出られなかったので、その場にいた栄養教諭に、「Aさんが代替食を持ってこられなかったため、今、保護者の方に電話をしましたが、出られなかったので、1時間目終了後、再度電話をします」と伝えました。

　1時間目が終了し、職員室に行き、再度電話をしようとしました。しかし、電話番号を打ち終わって、受話器を耳に当てたすぐくらいに、栄養教諭に「Aさんのお母さんに電話をかけているのですか？　さっき代替食について連絡がありました」と言われました。

　それを見ていた教務の先生から、「電話をする前に1時間目の間、保護者の方からかけ直されていないか、職員室にいる先生に確かめないといけない」と指導を受けました。

2章 “ほうれんそう”の悪い例

　私は、「保護者からのかけ直しがあったなら、授業中でもすぐに担任に伝えてくれてもよいのではないか？」と、一瞬ちょっと腹立たしく思いましたが、たとえ報告がなかった場合でも、情報を確実に伝達してもらえるように、こちらから確認することが大切なのだと学びました。

筆者のひとこと

　“ほうれんそう”を意識して自分から確認していかないと、待っていても欲しい情報が得られるとは限りません。情報は、積極的に自分からとりにいきましょう。先述したように、生徒指導は情報戦です。

（2）働き方改革で“ほうれんそう”が先延ばしに

　新人の私は、学年担任制の小学校で勤務することになりました。5人で3クラスをもっており、5人で密な情報共有をすることが求められています。5人のうち1人は育児短時間勤務であり、9時〜14時の時間帯しか学校にいません。1人は再雇用で週4日で16時までの勤務です。子どもに関する多くの情報を、この時間帯で共有するのは簡単なことではありません。全員が揃う時間は、子どもも学校にいますから、どれが優先順位の高い共有すべき情報なのか悩むことがよくあります。

　例えば、首から上のけがなどをしたり、暴力などが関わるトラブルがあったりするなど、迅速に対応すべき内容は、発生してから時間が経たないうちに共有するようにしています。

　しかし、緊急性のないと思った内容は、“ほうれんそう”を先延ばしにしてしまうこともあります。先延ばしにすると、結局、共有するのを忘れ

27

てしまって「今更伝えてもどうかな」と思い、伝えないこともあります。

　逆に、他の先生方から情報を共有してもらえず、困ることもあります。でも、何か起きれば、「聞かなかったあなたが悪い」ということになり、難しいと感じながら、気を遣う日々です。

> **筆者のひとこと**
>
> 　最近は、教員の働き方が多様になっています。情報共有のやり方に学校の実情に応じた工夫が必要な時代になりました。その学校に適したシステムを築きましょう。その学校に合わないシステムを取り入れても、おそらくうまくいきません。新人は自分から言い出しにくいと思いますが、自分の困りをやんわりと伝えてみてはいかがでしょうか。

2章 "ほうれんそう"の悪い例

（3）学年全体のことを、一部の先生との相談のみで進めてしまった

　この4月から中学校に赴任しました。委員会活動ではベテランの先生から言われたことをこなしていくのに精一杯です。文化祭が近づいてきて、私が中心となってその段取りを決めていくことになりました。

　受け持ちの学年では合唱を2曲披露することになり、伴奏者を2名選ぶ必要がありました。学年の先生によると、生徒Aと生徒Bがピアノを弾くことができるとのことだったので、私は生徒Aと生徒Bに伴奏をしてほしいと伝え、二人とも承諾をしたので楽譜を渡しました。

　しかし、その後行われた会議で別の先生から「他にも伴奏をしたい生徒がいるかもしれないのに教師が個別で声をかけてしまうのはよくないのではないか。学年全体にまず伴奏をしたいかどうか聞く必要があるのではないか」と言われ、伴奏希望のアンケートをすることになりました。

　すると、生徒Cが伴奏を希望すると回答しました。私は「どうしよう……」と思いながらも、生徒Cは自分から伴奏を希望したので楽譜を渡しました。生徒Aと生徒Bには二人のうちどちらが伴奏を引き受けるか自分たちで話し合って決めてもらうことにし、最終的に生徒Bは伴奏をしないことになりました。

　しかし、生徒Bの保護者は「伴走者の決め方に問題があるのではないか」と憤慨されて抗議に来られました。聞くと、楽譜を渡したその日から保護者と共に練習をしていたそうです。

　先輩の先生から「合唱の取り組みなど学年全体に関することは個別で相談するのではなくて、朝の打合せや会議など学年の先生みんながいるところで相談するようにしよう。個別で相談すると学年の先生の中でも内容を

知っている人と知らない人と差が出てしまうから」と言われました。さらに、「『これぐらい……』って思う小さなことでもみんな聞いてくれるから遠慮なく言ってね」とも言われました。

　私は、「あの先生に相談したから大丈夫だろう」と勝手に考え、学年全体に伝えたり相談したりすることをしていませんでした。自分の浅はかさのせいで生徒Bを嫌な気持ちにさせてしまい、私自身も辛く感じました。

筆者のひとこと

　新人教員は、「与えられた仕事をこなさなければならない」ということだけに集中してしまいます。まだ物事を俯瞰して見る余裕がないと思いますが、仕事を進める際は、“ほうれんそう”を疎かにしないことです。

　それも特定の先生にだけ“ほうれんそう”していると、あとでたいへんな目に遭います。“ほうれんそう”を意識すると、その中で過ちに気づけますし、自分を俯瞰できるようになります。

（4）子どもの「内緒にしてほしい」を鵜呑みに

　中学校勤務1年目で、担任はまだしていません。中2の数学を教えています。昼休み校庭の隅にいた生徒が、家庭の様子を話し始めました。話の内容は、「父親が激昂しやすく、家の中はいつもけんかが絶えない」といった内容でした。私は、「担任の先生にも伝えておくよ」と言いましたが、その生徒は「先生（私）は話しやすいから話したけど、担任には伝えなくてよい。担任は嫌いだ」と言うのです。私自身もその担任の先生がちょっと苦手だったこともありましたが、慣れない仕事に追われてもいたので、

2章 "ほうれんそう"の悪い例

そのことはすぐに忘れてしまいました。

その後2週間ほどして、警察から連絡があり、父親からの暴力で生徒は大けがをしたことがわかりました。以後、その生徒は学校に来ることはなくなり、どこかのシェルターに隔離されたということだけがわかりました。

会議が開かれた際、以前に生徒から相談されたことを思い出して、発言したのですが、ベテランの先生から注意を受けました。「そんなことを生徒が言ってきたのであれば、誰かに伝えてくれたら、救う方法があったのに……。なぜ伝えないのか」と。私は、生徒が伝えてきた内容を軽く考え、それを誰かに報告したり、相談したりすることもしなかったのです。虐待等についてはもちろんそれまで学んでいましたが、実際には何一つできず、落ち込みました。

筆者のひとこと

担任の先生が話しづらい方だったようですが、虐待ではないかと感度を高くして、まずは生徒から話を丁寧に引き出す必要がありました。その上で、「とても大事なことだし、君を救いたいから、他の先生にも報告するし、先生たちで一生懸命考えるよ。もちろん君の家族や友達には知らせずに助けるから安心してほしい」と伝えるべきでした。

2 若手の振り返り

（1）「知っていること」と「実際にできること」は違う

　高校に勤務して2年目です。“ほうれんそう”を行う必要性は、社会人として働く前から、自分としては当たり前に理解しているつもりでした。しかし、仕事に慣れ始めた2年目に、自分ができていないことを実感しました。

　教員となって2年目。1年のサイクルを経験したことで、自分の中である程度仕事の見通しが持てたこともあり、自信もついていました。受け持ちの分掌は、高校生が文化に触れあう機会を設けるための取り組みであり、外部との交渉を行う業務です。主に音楽のコンサートや美術の展覧会の主催者と連絡をとって、応募のあった各高校へチケットを郵送するという仕事です。

　通常、展覧会の始まる2週間前を目処に、各高校にチケットが到着するようにしているのですが、そのときは主催者との連絡がとれず、そのまま滞っていることがありました。そんな中、参加予定の高校から続々と電話がかかってきました。「学校行事として取り入れた展覧会のチケットが届かない。予定が確定できない」と困惑の声が寄せられたのです。

　「展覧会はもう少し先だから大丈夫だろう」「主催者の都合で遅れているのだろう」と自分の都合の良いように考えていたので慌てました。とんだ慢心でした。その後、すぐに主催者と連絡をとり、なんとか間に合うようにチケットを各校へ郵送することができました。

2章 "ほうれんそう"の悪い例

　学生時代は、運動部で部長をこなし、内心「自分は仕事ができる」と自惚れていました。仕事は、自分一人で完結するものではなく、校内はもちろん、他校の先生方とも"ほうれんそう"しながら行うものです。そんなことはわかっていたつもりなのに、自分勝手に甘く判断したことで、多くの人に迷惑をかけてしまいました。「"ほうれんそう"を軽視すると、他の人に迷惑がかかる」と、改めて気づかされました。恥ずかしいです。

筆者のひとこと

　知っていること、そして頭でわかっていることと、実際にできることとは違います。講義や研修等では、「そんな簡単なことを言って……知ってるよ」と思うこともあると思います。"ほうれんそう"も、「報告・連絡・相談の略じゃないか……いまさら……」と思うかもしれません。知っていることを実際に行うことは、誰しも難しいことです。

（2）生徒に直接関わる他学年や非常勤の先生に伝えず、不登校に

　中学2年生の担任をしています。1学期も終盤に差し掛かった6月末に、SNSでトラブルがあり、クラスの女子生徒の中で無視をして仲間外れにするという事案が発生しました。

　クラスメイトから無視をされた生徒Aは、精神的な苦痛を訴え、残りの1カ月は学校に来ることができませんでした。どうすれば、2学期から学校に来られそうか、夏休みの期間も保護者や生徒Aと何度も話し合い、2学期最初の席替えも、席を離すなどの対応をすることにしました。

　加害者側の生徒Bへの指導も行い、2学期が始まりました。席替えで席

33

を離すなどの考慮をしたことから、生徒Aは学校に来ることができていました。しかし、2学期が始まって1週間が経ったとき、被害者側の生徒がまた学校を休んでしまいました。保護者の方に連絡を取ると、理科の授業で実験のための席替えがあり、生徒Bと同じ班になったとのことでした。

　保護者の学校に対する不信感は強く、「情報共有をしていないのか、話が違うじゃないか」と、厳しく非難を受けました。

　この事案に関しては、学年の教員や、管理職の方には報告をしていました。しかし、夏休み期間だったこともあり、他学年に在籍する理科担当教員には報告ができていませんでした。学校への不信感が引き金となり、現在も生徒Aは学校に来ることができていません。生徒情報の共有に関しては、担任や学年で完結させず、生徒に関わる者全体で共有することが大切だと気づかされました。後悔しています。

✎ 筆者のひとこと

　学年が違ったり、非常勤の先生で会う頻度が少なかったりすると、つい伝えるのを忘れてしまうことがあります。しかしそのことで、生徒に重大な影響が及ぶこともよくあります。誰に伝えなくてはいけないのかメモし、伝えたら次々消していくなど、自分なりの工夫が必要です。

（3）保護者への連絡が遅れ、子どもが保護者に違うことを言う

　小学校に勤務して3年目です。休み時間、AさんがBくんの持ち物を誤って壊してしまいました。そのときの様子を誰も見ていませんでしたが、Aさんが自分で壊してしまったことを私に告げに来てくれたため、Bくん

2章　"ほうれんそう"の悪い例

に謝罪することになりました。Bくんは大切な筆箱だったので激怒していましたが、対応したところ納得してAさんを許すと言ってくれました。

　午後はすぐに職員研修が予定されていたため、連絡帳に筆箱が壊れたこと、職員研修のため私からの連絡が遅くなることを記して持ち帰らせました。AさんBくんそれぞれに、自分の言葉で説明できるかを確認し、帰宅後自分で伝えるよう言いました。

　職員研修が終わってすぐ、職員室に戻る途中でBくんの保護者から電話が入りました。Bくんの保護者は「ずっと連絡を待っていたんですが、いつ連絡くださるんですか？　子どもが帰宅したら、壊れた持ち物があって驚きました。Aさんのお家にいって保護者の方に聞いても『うちの子はやってない』の一点張りで、どういうことですか？」と怒っていました。

　後で話を聞くと、Bくんは家に帰ってから「やっぱりAさんを許せない気持ちになった」そうです。Aさんの保護者に連絡すると「Bくんのお母さんが家に来られましたが、うちの子はやってないというので、そのように伝えています」とのことでした。

　つまり、Aさんは担任である私に自分で壊したと言ったのに、家では「していない」と言い、一方、Bくんはもう「気にしていない」と言ったのに、家に帰ると「許せない」と言ったそうです。学校の指導で見せた子どもの姿や言葉と家に帰ってからのそれは全然違ったことにもショックを受けましたが、とにかく双方の家庭に時系列で事実を伝えました。ただいくら伝えても、双方の保護者が納得することは最後までありませんでした。

　「すぐに双方の家庭に連絡を入れておけばこんなことにはならなかった」とひどく後悔した1日でした。

> ✎ 筆者のひとこと
>
> 　子どもが学校で見せた態度と家庭で話す内容が食い違うことはよくあります。教師の判断でお互いに謝らせても、子どもは内心では納得していないことなどもよくあります。特に、物を壊したり、けがをしたりした場合などは、子どもに簡潔に聴き取り、子どもが言っていることを軸に、事実を先に保護者に伝えるのが鉄則です。

（4）学年内だけの閉じた "ほうれんそう" になっていた

　卒業式に向けた練習で起きたことです。学年主任から管理職への報告が不十分で学年全員で校長室に呼ばれました。歌によっては前を向いて歌うのですが、保護者に顔を向けて卒業の歌を歌うなど、式の展開はいろいろと学年で考え、決定していました。

　練習が進み、本番が近くなったとき、式の展開のさせ方が例年と違うことに校長が気づきました。学年としては練習が進んでいたので今更ひっくり返す必要はないと反論し、管理職とぶつかりました。学年としての言い分と校長としての立場や考え方が異なり、なかなか妥協点が見つかりませんでした。すでに子どももそのつもりで練習を進めていたので、子どもからの反発も大きく、本当に困ってしまいました。

　事前に学年主任から管理職に対して大枠については相談していたようですが、細かなことは伝えていなかったそうです。管理職ともう少し詳細に打合せをしておけば、もっとスムーズに練習を進めることができましたし、子どもたちに迷惑がかからなかったと反省しています。

　自分が学年主任になったときは、「"ほうれんそう" がトラブルを減らす」

2章 "ほうれんそう"の悪い例

と、頭に入れておきます。

> **筆者のひとこと**
>
> 　学校行事は、学校全体で催し物を揃えたり、重複する部分を減らしたりして全体としての見え方を整える必要があります。学年での擦り合わせはもちろんのこと、当該学校行事の責任者や管理職に"ほうれんそう"することで調和のとれた行事になります。行事に向けたそれぞれの思いは違っていることもありますから、"ほうれんそう"を欠くと不都合が生じることがあります。大きな行事はより一層の注意が必要です。

3　中堅・ベテラン教諭の振り返り

（1）先輩教員に気を遣って直接伝えなかった

　10年以上の経験を持つ養護教諭です。仕事をする上で、報告・連絡・相談が大切であるということは誰もがわかっていることです。多職種間で連携する際には報告・連絡・相談は欠かすことはできません。しかし、養護教諭になって実際に現場で働いてみると、具体的に誰に報告・連絡・相談をしたらよいのかが、よくわかりませんでした。

　経験が浅い頃、自分の立場で先輩に直接伝えることは失礼にあたるのではないかと考えていましたし、相手と良好な関係でいたいという思いもあり、管理職に報告する方法を選んだ時期があります。

　すると、自分が本来伝えたかったこととは違う意味合いで先輩教員に伝わってしまうこともありました。その結果、先輩教員と良好な関係でいるどころか、逆に相手の機嫌を損ねてしまい、「日頃、養護教諭とうまくやっていたのに、自分に直接言ってくれず管理職にチクるなんて」と言われてしまったこともあります。苦い経験です。

　学級担任から養護教諭は敵だと思われてしまったのです。相手に直接伝えることをためらっていたのは、相手のことを考えているようで、結局は自分に相手へ直接伝える勇気がなかっただけであり、言い訳をして自己保身していただけだったのです。相手に直接言いにくいことこそ、直接伝えることが大切なのだと身に染みてわかりました。

　その経験から、今は管理職に報告するのではなく、まずは相手に直接伝

2章 “ほうれんそう”の悪い例

えることを心掛けています。すると、「話してくれてありがとうございます」と言ってもらえるようになりました。

　学級担任も管理職から何かを言われるよりも、同僚同士で直接話をしてもらったほうが気持ちよく受け取ることができるのかもしれません。たしかに自分に置き換えて考えてみるとその通りでした。そこに過度の遠慮はいらなかったのです。難しい場合や管理職にも伝えたほうがよい場合は別ですが、できるだけ伝えるべき方に、直接“ほうれんそう”したほうがよいと思っています。

出典：堀江菜摘（2025）「第7章 養護教諭の立場から」柏木智子・百合田真樹人・
　　　後藤武俊・片山紀子『多職種が連携してつくるプラットフォームとしての学
　　　校』ミネルヴァ書房より改編

筆者のひとこと

　“ほうれんそう”をすると一口に言っても、現実には校内の人間関係もあってなかなか“ほうれんそう”しにくい壁があることもよくわかります。“ほうれんそう”するには、人との関係をまずはつくることが重要であること、気になった場合は可能な限り本人に伝えるほうが、誤解が生じず、人間関係がギクシャクしないことも理解できます。

（2）指導はしていたはずだが、子どもが見えていなかった

　教職に就いて15年目の中学校教員です。Aくんは発達障害だと認定されているわけではありませんが、時間割変更等に対して過敏に反応するや

やこだわりの強い生徒です。担任である自分の目の前で、B、C、Dの3人がAくんに対し、こだわり部分を嘲笑するような暴言を言っていたため、B、C、Dに対して「そうした言葉は人を傷つける」と、他の生徒もいる前で厳しく注意しました。

　その後、私（担任）は気づかなかったのですが、他の生徒や私にはわからないように、B、C、Dの3人がAくんをからかっていたようです。Aくんが学校へ行くのを渋るようになったことで、Aくんの母親が問いただして発覚した次第です。私は、B、C、Dの3人の生徒は、私の注意で理解してくれたと思い込んでいましたし、Aくんは体調が悪いのだろうと勝手に考えていました。3人のからかいが続いていたことも、それによって行き渋っていたことも想像すらしていませんでした。恥ずかしながら、子どもが見えていなかったのです。

　Aくんは学校をすでに30日以上欠席しているので、いじめ重大事態の調査が必要となりました。私がAくんへの暴言を聞いた時点で、学年の先生方に"ほうれんそう"していれば、同僚からも意見が聞けたでしょうし、みんなで注意深く様子を見ることができたでしょうし、違った対応ができたはずです。ベテランになり、自分の判断で軽く考え、"ほうれんそう"しなかったことで、大きな問題になりました。謙虚さを忘れていたかもしれません。

✏ 筆者のひとこと

　こだわりの強い子どもに対して、複数でいじめるような事案はどの学校でも起こり得ます。同僚や管理職に"ほうれんそう"せず、自分一人で片付けようとしてしまうと、事態が悪化します。ベテランこそ注意が必要です。

3
章

"ほうれんそう"の
初期情報から
最終情報へ

1 何をもって "情報" というのか？

　本書は "ほうれんそう" の欠如をテーマとしていますが、全体に関わることをまず最初に述べておきます。通常、生徒指導では起きた事柄、起きている事柄、起きそうな事柄を他の教員に "ほうれんそう" することをたえず繰り返しています。それは一人で抱えるよりも多くの知恵を集めるためです。そうすれば判断ミスも少なくなるからです。これらの事柄を "情報" と言っているわけですが、知恵を集めるには、この "情報の共有" が大事だということになります。「いじめ自死事案」でもっとも叫ばれていることです。しかし、実はこの "情報" は「何をもって情報というのか？」が大変難しいのです。読者のみなさんの中には、「そんなことはないだろう？ 情報は情報だよ。例えば、起きたことを報告するんでしょう」と思われる方もいるでしょうが、次のように思ったことはありませんか。

> ①「それくらいは？」（そう思ったので、報告しなかった）
> ②「なんだ、その前にこんなことがあったのか」（本当の原因があった）

　①も②も学校現場では滅多にないことではなく、毎日のように見られることです。

※本書では対応策は省いていますので、対応策に特化した吉田順『生徒指導「トラブル対応」の教科書・事例編』（学事出版）を参考にしてください。

3章 "ほうれんそう"の初期情報から最終情報へ

(1)「それくらいは?」〜何を"ほうれんそう"するか〜

これは「いじめ自死事案」ではよくある担任や学校側の"言い訳"です。「一過性だと思った」「些細なことだと思った」「ただのトラブルだと思った」などと弁解し、「いじめ」とは思わなかったというものです。

「一過性」「些細」「ただの」などの言葉から推測できるのは、担任や学校側の主観や先入観で判断し、起きたことや起きていることを軽視していることです。するとその後の対応はどうなるでしょうか。指導が中途半端になったり、原因をつかむことを怠ったり、"ほうれんそう"すらされなかったり、などということが起きるのです。

このことをいくつかの例で確かめてみましょう(いずれも新聞報道によるものですが、繁雑さを避けるために詳細な出典は省きました)。

事例 ❶ ....

2015年に岩手県矢巾町で起きた中学2年生の男子のいじめ自死事件では、担任は「ちょっかい、からかい、けんかと捉え、いじめの認識で指導していなかった。また情報を教職員が共有できなかった」(「調査報告書」)と報道されています。担任との「生活記録ノート」には多くの具体的な被害を本人は記述していたのですが、家庭には自死するまで報告されることもなかったようです。「それくらいは」という軽視の姿勢が見えます。

情報を受け取った側がいかに軽視していたかが読み取れるのではないでしょうか。もし、「これは大変なことだ。早急に効果的な取り組みをしなければ」と思ったならば、複数体制で一挙に取り組むのが普通で、また保護者ともすぐに相談するでしょう。それには教師間で情報の共有が必要で

43

あり、学年主任や学年生徒指導係が中心になるはずです。

事例 ❷

2017年仙台市で中学2年生の男子が自死しました。この事件でも学校側は「いじめというよりもからかい」「いじめには発展していない」と判断したらしいです（死後の校長の記者会見）。

また、のちにいじめと認定された8件のうち4件は被害者の親に、全8件を加害者の親には連絡していなかったことが判明しています。

この事件にも学校側の「それくらいは」という軽視の姿勢がわかります。

事例 ❸

2019年岐阜市で中学3年生の男子がメモを残して、マンションから飛び降り自死をしました。本人はいじめを担任に訴えましたが、担任は「いじめを認識しながらも、仲良しグループの悪ふざけと判断」したらしいです。副主任とは相談して対応したものの、主任や校長を含めた情報の共有はなかったと報道されています。

給食時の嫌がらせ行為を「給食マナーの問題」と軽視した判断をしたことも伝えられています。

ここにも「悪ふざけ」程度、「マナーの問題」として「それくらいは」という認識を垣間見ることができます。

事例 ❹

2021年北海道旭川市で中学2年生の女子が、凍死体で見つかった事件は再調査委員会によって、「いじめ被害を主な原因とする自殺だった」とされています。またこの調査では、「学校と市教委はいじめでなく加害生徒の問題行動と捉えていたため、リスクを発見し、低減させることができ

3章 "ほうれんそう"の初期情報から最終情報へ

なかった」とも指摘されています。

　この事件は学校側ははじめから「いじめでなく加害生徒の問題行動」と判断して、真剣な対策や徹底的な対策を怠るという、重大な過ちをおかしてしまいます。ここには「いじめのような重大な問題ではなく、加害生徒の単なる問題行動」であり、「これくらいは」という軽視した姿勢を読み取れます。

　仮に「いじめ」ではなく「単なる問題行動」という判断をするなら、その問題行動に真剣に取り組むべきでしたが、軽視した姿勢からはその後の対応に真剣な取り組みが生まれるはずはありません。

　これらの４つの事件にはいろいろな教訓がありますが、本章に関わることに限ると、いかに"情報"を正確に判断することが難しいかということです。つまり、たとえ情報が集まってもその情報を正確に判断するのは至難なことなのです。

　難しくする大きな理由は、何を"ほうれんそう"するかという問題です。

　読者のみなさんの中には、それは起きたことを"ほうれんそう"するのだから、そんなに難しいことはないだろうと思う人も多いでしょう。

　では、例として挙げた事件では「ちょっかい、からかい、けんか、悪ふざけ」などとどうして判断できたのでしょうか。軽視した姿勢からは、報告も共有も生まれないのです。

　"ほうれんそう"する側もされた側にも、「それくらい」という主観や先入観ができてしまったのは、"ほうれんそう"の仕方に問題があったと思われるのです。４章で詳しく述べています。

(2)「なんだ、その前にこんなことがあったのか」～情報の始点～

　次に情報の始点と終点について述べます。ほとんど聞いたことのない言葉だと思いますが、私自身の生徒指導体験の中で得た重要な視点です。

　ある教員（C先生）が次のような場面を目撃したとします。

　休み時間、水飲み場で興奮したようすのA君がB君の胸倉をつかんで、お互いにつかみ合いとなり、一触即発の緊張した状態になりました。C先生は止めに入って担任（D先生）に次のように連絡しました。

> ①この休み時間に水飲み場を通りかかったときに、A君がB君の胸倉をつかんでいたので、止めに入りましたが、お互いにつかみ合いになっていました。今にも殴り合いになるのではないかと思うくらい、二人とも興奮していました。何とかやめさせて、少し事情をA君から聴いたところ、A君が水を飲んでいると、B君がふざけて後ろから水をかけたそうです。それにA君が怒ったようです。B君もかけたことを認めています。

　この連絡の欠点は「B君がふざけて」という箇所です。「ふざけて」という言葉によって、すでにこの情報の性格を示してしまっているからです。

　もしC先生のほうが年配の教員だったら、それなりの説得力をもってしまうでしょう。C先生のほうが若かったとしても、現場に実際にいたわけですから、それなりの説得力を帯びるでしょう。こうして、もしかすると「ふざけていた程度」という捉え方が生まれかねないのです。

　ここでは起きたり見たりしたことだけをそのまま"ほうれんそう"する

3章　"ほうれんそう"の初期情報から最終情報へ

ことが大事です。そして受け取った側は先入観なしに調べることです。

　では、どのように連絡をすべきだったのでしょうか。

②この休み時間に水飲み場を通りかかったときに、Ａ君がＢ君の胸倉をつかんでいたので、止めに入りましたが、お互いにつかみ合いになっていました。今にも殴り合いになるのではないかと思うくらい、二人とも興奮していました。何とかやめさせて、少し事情をＡ君から聴いたところ、Ａ君が水を飲んでいると、Ｂ君に後ろから水をかけられたそうです。それにＡ君が怒ったようです。そこから私が見たのだと思いますが、Ｂ君に聞いたところかけたことは認めています。

　"ほうれんそう"する情報は、自分の見たことと推測（主観）は明確に区別して伝えること、また本人から聞いたことなのか、トラブルなどの相手から聞いたことなのかも明確に区別して伝えることです。このケースの①ではそれらが明確ではなく、例えば「Ｂ君がふざけて後ろから水をかけたそうです」と判断していますが、その根拠が全くわからないのです。Ａ君の言い分なのか、Ｂ君の言い分なのかもわからないのに、すでに「ふざけ」である、とこの問題の性格をほぼ断定しているところに危うさがあります。これでは受け手に相当な先入観を与えてしまいます。　その「ふざけ」にＡ君が怒ったようですが、Ｂ君はかけたことを認めていても「ふざけ」だったのかどうかは明確ではありません。

　それに比べて②は事実を中心に連絡してます。例えば、「Ｂ君に後ろから水をかけられたそうです」とＡ君の言い分であることを明確に伝えてい

47

ます。ですから、②のような連絡（報告）を受けた側は、次にやるべきことはB君の言い分も聞いてみる、B君はなぜ水をかけたのか聞いてみる、などということにつながります。①の連絡（報告）を受けると、事情がわかりB君も認めているので、例えば「お互いに謝罪させて終われるだろう」などという安易な捉え方が生まれるかもしれません。

　さて、学校現場で起こる「いざこざ」や「トラブル」というのは、これで終了できるほど簡単なものばかりてはなく、うっかりすると大きな問題やいじめなどに発展してしまうことがよくあります。

　それが"始点"の問題です。この①、②の情報は始点を水飲み場でのやりとりにおいています。当然ですね。C先生はそこで目撃したからです。しかし、D先生はその"ほうれんそう"につられて始点を水飲み場でのやりとりに置いてはいけません。ほうれんそうを受けた側は、常にこの始点に神経を使ってください。「始点」とは、このやりとりの本当の始まりの時点であり、この場合は「では、なぜB君は水をかけたのか」という背景でもあります。別の言い方をすれば、どこから（始点）どこまで（終点）をこの水飲み場での事件とするかということです。切り取る場面の始点と終点と言ってもよいでしょう。

　「いじめ自死事案」では"始点"を探すことなく、「解決したと思っていた」などという弁解が多いのは、①や②で終わりにしてしまうからです。

3章 "ほうれんそう"の初期情報から最終情報へ

2 切り取る"始点"をどこにおくか

では"始点"の例として①-（2）の事件で示しておきます。もし、「私なら当然Ｂ君に『なぜＡ君に水をかけたか』を聞くので大丈夫」と思う方もいるはずです。しかし、実際の学校現場ではこの始点を探る作業を怠ることが大変多いのです。

理由はこの種の数が多く対応しきれない、他の業務もたくさんあり、できれば早く終わらせたい、などという事情からついつい「これくらいはよくある」「大したことではない」という心理がはたらき、その結果手抜きをしてしまうからです。

本当の始点を探す取り組みは、どんなときでも欠かしてはいけないのです。

Ｃ先生から連絡を受けたＤ先生は、その日のうちに例えば昼休みか放課後にＡ君とＢ君から聴き取ります（→『生徒指導の聴き取り方』学事出版を参照）。

水飲み場での事実が確定できたら、始点探しです。これもＡ君とＢ君の双方から聴きますが、特にＢ君には「理由もなく水をかけたのか」確かめます。もちろん、ふざけてそういうこともありますが、普段の人間関係で想像がつくでしょう。

よくあるのは、実はことの始まりはその数時間前にあったりします。例えば、その前の休み時間にＢ君はＡ君から「嫌がらせ」を受けていたなど、と。本当の始点はその前にあったわけです。しかし、その「嫌がらせ」の

49

何日か前には、逆にＡ君のほうがＢ君から「嫌がらせ」を受けていたということがあります。私の経験ではついに小学校時代にまで遡ったことがあります。この対応は本書のテーマではないので省きますが、始点はできるだけ見つけます。こういう場合は概ね遡っているうちに双方が「もういいよ」という心境になり、これまでのわだかまりをいわゆる"水に流す"ことができます。ただし、教員側が"流す"のではなく、双方の子ども自身が気づいて流すのです。ですから、丁寧な始点探しをしなければ不満だけが残ることになります。「もつれた糸を解きほぐす」ような対応ですから、とても時間がかかることになります。

　しかし、このような対応をすることによって子ども自身にも円滑な人間関係を築く力が育ち、学年が進むにつれて激減していきます。

　では、始点探しによってその始点がはっきりと見つかったとします。つまり「なんだ、その前にこんなことがあったのか」ということです。今度はそのことにいよいよ取り組むことになります。ようやく指導の条件がそろったことになります。今度は子どもが気づくことを待つのではありません。この段階では加害者・被害者という構図が成立したのですから、それに見合った対応をしていくことになります。

　一口に"ほうれんそう"といっても、簡単なことではないのです。本書の"はじめに"や"１章"でも正しいほうれんそうが強調されていますが、学校現場では"ほうれんそう"の仕方そのものが話題になることがないため、間違った対応に陥ることになります。

3 "初期情報" から "最終情報" へ

（1）"ほうれんそう" による情報は、最初は "初期情報"

　言うまでもなく最初に届いた情報が、すべてではないし、正しいものとは限りません。経験的には、事実のほんの一部を含んでいる程度か、事実を確かめていくと最初の情報と真逆の事実になることすら少なくありません。

　この最初の情報を "初期情報"、最終的な情報を "最終情報" と呼んでおきましょう。

　"初期情報" も "最終情報" も、確定した情報ではありませんが、できるだけ早く（一般的には、放課後までに、少なくともその日のうちに）どこかで確定したと思われる情報を時間で区切って最終情報とし、次の対応に入ります。そうしないと対応が遅れてしまうからです。

　もし、情報が不十分だとわかったときには、すぐに軌道修正して調べ直せばよいのです。このことに躊躇したり面倒がったりしてはいけません。対応してみて、初めてわかることが多いからです。対応する前に（つまり推測で）わかることはないのが普通ですから、躊躇せずに軌道修正します。生徒指導の対応というのは実に時間がかかるものだと思います。

　もし、このような面倒さを理解していなかったら、時間のかかる教師はきっと「私は生徒指導には不向きなのではないか」と悩んだりするでしょう。また、要領よく手っ取り早く終わらせている先輩教師を見ると、自分も「あのような先輩にならなくては」と手っ取り早い要領だけを真似し、

間違った学び方をするかもしれません。

　先輩教師はきっと面倒な手順を何年も経験して、要領よく手っ取り早い対応ができるようになったに違いありません。最初から身につけている教師などいません。数多くの小さな失敗を繰り返しながら、教訓を自らに血肉化していくものです。

　初期情報だけから、確定した最終情報を得ることなどとてもできません。

（2）"最終情報"を見つける

　46頁の①－（2）の例で言うと、"始点"を見つけたら、そこが最終情報の始点ということになり、確定した情報に少し近づいただけのことです。最初の情報（初期情報）が始点ではないことがほとんどですから、そのつもりで聴き取りをしないと子どもたちには不満が残るのです。「僕の話を聴いてくれなかった」「始めから決めつけられた」「一方的に悪いとされた」などと不満を抱き、家庭で親に不満を漏らし親からも不信を買うことになります。

　したがって、最終情報には次のような条件があります。この条件が欠けていたり、不十分だったりすると解決しづらく、さらに新しいトラブルに発展することさえあります。

❶ トラブルのあった者同士（または加害者と被害者）が、その事実を概ね認めていること。
❷ ❶のことを双方の保護者も納得していること。

　この二つの最終情報を得ることができたなら、いよいよ解決への次のステップに進むことができます。

52

（3）最終情報までの"ほうれんそう"

　ここで教師が一つの問題に対応し解決するまでに、どのくらいの"ほうれんそう"があるのかを例示してみます。ここでは一番時間のかかる被害者と加害者のいる問題を取り上げておきます。

1 最初の発見者などが担任に初期情報を"ほうれんそう"する。

2 担任はこの初期情報をもとに、被害者の聴き取りに入り、その結果を学年主任と学年の生徒指導係に"ほうれんそう"する。同時に当面の方針と対応を決める。

3 学年全体に放課後か翌日の朝の打合せで初期情報と当面の方針と対応を"ほうれんそう"する。

4 担任は方針にそって対応を開始し、最終情報の確定をする。双方に確認し確定するまで、被害者と加害者、周囲にいた者などから聴き取りをする。区切りのよいところで、学年主任と学年の生徒指導係に"ほうれんそう"する。事実が確定するまで繰り返すので、途中経過の"ほうれんそう"が何回かあることになる。

5 最終情報を得ることができたら、学年主任と学年の生徒指導係、生徒指導部長（主事）、管理職に"ほうれんそう"する。この段階は"相談"が主になる。方針を提示し全員から意見をもらい、次の方針と対応を決める。

6 最終情報を得ることができたら保護者に"ほうれんそう"する。その反応を学年主任と係、生徒指導部長（主事）、管理職に"ほうれんそう"し、解決の仕方や今後の対応方針を決める。

7 学年全体に放課後か翌日の朝の打合せで初期情報と当面の方針と対応を"ほうれんそう"する。

8 **6**で決めた方針と対応の進み具合を学年主任と学年の生徒指導係、生徒指導部長（主事）に"ほうれんそう"する。

9 進み具合によっては方針や対応の軌道修正が必要になるので、また"ほうれんそう"が必要になる。

10 もしすべてが終了したら、学年主任と係、生徒指導部長（主事）、管理職に"ほうれんそう"して、最終確認する。

11 翌日の朝の打合せで学年に"ほうれんそう"し、今後の見守りなどについてお願いする。

12 職員会議やそれに準じる会合で全教職員に"ほうれんそう"する。

　たった一つの問題であっても、重要な問題にはこれだけの"ほうれんそう"が必要になるのです。最低でも10回はあると思ってください。これを「時間の無駄である」と考えてはいけません。

　もちろん、どんな場合でもこうしなければいけない、ということはありませんが、若い教師や生徒指導に精通していない教師を育てるには、このような"ほうれんそう"から学ぶものは多いはずです。書物や講義形式で学ぶより、はるかに現実感もあり実践的です。

　関係の教師だけで対応し、他の教師は「何かがあったようだ」と遠巻きに心配しているような学校では、どんなに素晴らしい指導をしていてもそれは広まることはありません。

　すべてをオープンにした"ほうれんそう"が大事なのです。

4章

よい "ほうれんそう" の
ポイント

1 一般的には些細なことだと思っても、"ほうれんそう"する

　学校現場には至るところに"ほうれんそう"があります。教育は一人ではできないからです。いろいろな先生の眼を通した情報が必要なのです。

　例えば、Ａ先生の前では素直な子が、Ｂ先生の前ではふてくされた態度を取るということはよくあることです。Ａ先生は「きっと、Ｂ先生の接し方や指導が悪いのだ」と思ったとすると、少し早計です。Ａ先生が強圧的な教師ならば、子どももいっけん素直な態度を取るに違いありません。むしろ、Ｂ先生の前での姿が本当の本人の姿なのかもしれません。

　あるいはこうも考えられます。Ａ先生はその子との人間関係が良好で、Ａ先生には素直な態度になるとも考えられます。

　よくあるけんかも、ある先生は「まあ、それくらいは」と受け取っても、その子のことをよく知っている先生には「あの子がそんなに怒るのは、きっと何かあったのかも」と受け取るかもしれません。

　生徒指導では、子どもの本当の姿をつかまないと、効果的な指導方針は立ちません。

　このように校内ではいろいろな先生の眼を通した"ほうれんそう"が必要ですから、至るところに"ほうれんそう"があることになります。

　しかし、だからと言って何から何まで"ほうれんそう"することは不可能です。特に若い教師や経験の浅い教師には、なかなか難問です。

2 対応してみないと、些細なことか どうかはわからないものがある

　些細なことか重大なことかは、実は対応してみないとわかりません。

　情報というのは事実のごくごく一部しか反映していませんから、調べてみたら事実が真逆であったり、もっと根深い原因があったり、予想外のことがあったりします。些細なことだと軽視した結果、重大な「いじめ自死事件」に発展した例は数多くあります。

　事件が起きると学校側や教育委員会が、「よくあることだと思った」「一過性のものだと思った」などと言い訳することは実に数多くあるのをご存じでしょうか。その結果、ほとんどすべてが「いじめの認識」があったかどうかが問題視されることになります。

　話題になった事件を例に詳しくみてみます。

　2015年に岩手県矢巾町で起きた中学２年生男子の自死事件は、“ほうれんそう”のあり方が厳しく問われる事件でした。

　報道や「調査報告書」などから、まず全体的な問題点を挙げてみます。

　保護者には自死するまで被害者の苦しみは連絡されませんでした。担任との連絡ノートである「生活記録ノート」には、被害や苦しみを綴っていましたが、その内容は保護者には知らされていなかったということです。父親は「ここまで書いていたのなら、なぜ連絡してくれなかったのか」と学校の対応に不満を述べました。他の教員と情報も共有しておらず、校長も把握していなかったということです。調査報告書では「ちょっかい、からかい、けんかと捉え、いじめの認識で指導していなかった」と批判され

ていますが、この裏には「よくあることだ」「一過性のものだ」から、この程度なら自分一人で何とかなるだろうという姿勢があったと考えられます。

　実際、死後に父親の「他の教員に相談しなかったのか」という問いには「（本人との）信頼関係もあり、自分で何とか解決したかった」と話したらしいです。

　もし情報が共有されていれば、軽視してはいけないという意見があり、効果的な対策を取れたかもしれません。"ほうれんそう"の確実な履行が問われます。

　さて、最大の問題点は「ちょっかい、からかい、けんかと捉え、いじめの認識で指導していなかった」ことではなく、「ちょっかい、からかい、けんか」などに適切な対応ができなかったことです。例えば「ちょっかい」と捉えたならば、そのちょっかいに対応すればよかったのです。

　ちょっかいに対応してみて、はじめて「これは単なる一過性のよくあるものではない」「それにしてもしつこく起きているのはおかしい」「本人は相当に嫌がっている」などということがわかり、些細なことではないと正しく判断できます。「いじめかどうか」は問題ではなく、ちょっかいにきちんと対応することが重要なのです。

　先に指摘したように保護者には連絡も相談もされてなく、他の教員と情報も共有していなかったのは、「ちょっかい、からかい、けんか」などという思春期には必然的に起きるトラブルに対応する力量が教師側になかったということです。

　「いじめの認識」が甘いとか「いじめの定義」が理解されていないなど

4章　よい"ほうれんそう"のポイント

という、以前の問題ではないでしょうか。

　そのため「いじめ問題」が何度も社会問題になっても、定義を変更したりしても一向に減ることはありません。トラブルに対応する力量を育てることです。適切に対応して初めて「いじめかどうか」がわかるのです。

　しかし、読者のみなさんの中にはちょっかいのようなものまで"ほうれんそう"していたのでは、何から何まで報告しなければならないことになるのではないか、現実的ではないと思われる方もいるはずです。それは違います。記録して自分だけの胸に留めておくもの、1週間は直接様子を見ているもの、保護者にはすぐに連絡しておき一緒に様子を見るもの、などはいちいち"ほうれんそう"する必要はありません。

　しかし、この区別はある程度の経験がないとできません。ですから、初任者や生徒指導の未経験者は原則的には、「些細なことも"ほうれんそう"する」とするのがよいのです。

　この"ほうれんそう"するかどうかの判断は、生徒指導上の対応の問題として判断できます。これを「いじめ問題」として判断しようとするから間違いが起きるのです。生徒指導上の問題を把握したら、これを「いじめかどうか」の篩にかけるのが、現在の「いじめ対応」の常道になっています。そのためほぼすべての「いじめ問題」の報道や、第三者委員会の調査報告書では、「いじめの認識があったかどうか」が重大視されているのです。

　篩にかけて「いじめ」ではないと判断した担任や学校は、その結果、効果的な対応ができず、自死にまで至るという例が実に多いのです。なぜ、効果的な対応ができなかったのかというと、

59

①その時点で「いじめ」より軽微であるという軽視した姿勢が生まれ
てしまったことで、その後の対応に毅然とした姿勢が失われ、被害
者を徹底して守ることができなかったと思われます。
②また、「いじめ」ではないと判断したのなら、単なる生徒指導上の
問題として取り組めばいいだけのことなのに、結局それもできずに
自死にまで至っています。これはむしろ「トラブル」に対応する生
徒指導の力がなかったということではないでしょうか。

もう少し具体的に述べます。

例えば、A君とB君が休み時間にけんかをした場合、まず担任が事情を
聞きますが、よくある一過性のものだと思えば、記録だけしておいて報告
したりする必要はないでしょう。しかし、実はこれまでにも何度もあった
というならば、原因を探し、本人たちと今後のことを相談します。これも
報告したりする必要はないのです。

ところが、事情を聞いていくと、一方的な理由によるけんかであったり、
片方の子が明らかに嫌がり困っているならば、解決のために早急に対応す
る必要があります。これは"ほうれんそう"しなければいけません。

したがって、何から何まで報告したりする必要はありませんが、生徒指
導上の対応がきちんとできていることが前提になります。この対応もせず
に「様子をみる」「（勝手に）解決したと思った」「些細なよくあることだ」
「一過性のものだ」などとしてはいけません。

4章　よい"ほうれんそう"のポイント

3 些細なことも話せる学年主任、指導部でないといけない

　最初は生徒指導上の対応の問題には若い教師は迷います。対応ができるようになってから、教師になるわけではありませんから、できなくて当たり前なのですが、生徒や保護者はできて当たり前と思っています。

　ですから、若い教師が生徒指導上の対応にうまくできるようなシステムがないと、一人ではいつまでも上達しません。そこで、どうしても必要なのが些細なことでも話せる学年主任、指導部であることです。担任同士や若い教師同士の交流は必要ですが、些細なことでも話せる学年主任、指導部があってこそです。

　それには放課後や休み時間、空き時間などに、職員室で世間話ができる場（空間）と時間的余裕があることです。放課後が会議で埋め尽くされていたり、パソコンに向かって黙々と実務をこなすことが推奨されているような学校ではいけないのです。

　世間話・空間・時間の３つの間ですから、私は３Ｋと呼んでいますが、一部の管理職にはむだとしてとても嫌われますが、３Ｋのない職場は息苦しいし何よりも教師は育ちません。ベテラン教師なら誰もが経験してきたように、放課後に職員室の片隅で他愛のない世間話から、子どもの話や教育談義になり、学級経営や行事のつくり方を学んできたのではないでしょうか。

　私が勤めたいくつかの学校には、職員室かその隣に休み時間や空き時間に休憩できるスペースが幸いなことにありました。そこは教職員の一種の

61

息抜きのような溜まり場でした。

　荒れていた学校だと、そこで愚痴をこぼし嘆きました。ストレスの発散だったようです。そうやって充電し、また次のエネルギーを蓄えたのです。

　愚痴や嘆きの山でしたが、時には「でもね。あいつは……」「こうしたら……」「あいつは、そうでもないよ」「そうかな」などという異論や反論もあり、私は「えっ、そうなのか」「なるほどね」などと大いに学んだものです。公式な場や会合ではとても語れない本音や知恵が語られ、実に勉強になりました。

　しかし、だんだんとそのような場は「むだなスペース」として廃止され、定年前の最後の勤務校ではついに裏門の脇になってしまいました。

　若い教師や生徒指導の経験が浅い教師は、「こんなことを聞いたら馬鹿にされないだろうか」などと不安を抱えています。自由に交流できる職場でないと、教師も成長しません。

　生徒の重要な情報もここで得ることが多いものです。雑談の中で「そういえば、……」「あの子の父親は……」などという生徒理解には重要な情報がたくさん出てきます。あらたまった会合では余計な話として、退けられるような話が雑談の中でできることはとても大事です。

　些細なことが話せる職場であれば、些細なことだけでなく重要なことも話せるようになるのです。些細なことを馬鹿にしたり、軽視したりすると結局は重要なことも見逃すことになることを知ってください。

　そして、それを率先して実行するのは、学年主任や指導部のベテラン教師でなければいけません。

4章 よい "ほうれんそう" のポイント

4 いつ "ほうれんそう" するのか

"ほうれんそう" は早いことが大事です。もちろん "初期情報" ですから、正確性はないかもしれませんが、それでも早いことが大事です。

なぜ、正確性よりも早いほうが大事なのでしょうか。それは "初期情報" でまず対応することによって、もし加害者・被害者という構図があったならば、加害者の言動を抑制することになるからです。正確な "最終情報" を待って "ほうれんそう" していたのでは遅すぎます。"初期情報" の段階で学年主任や生徒指導部の知恵を借ります。

では、"早い" というのはどれくらい早くなのか、具体的に説明しておきましょう。例えば、休み時間のことならば、できるだけその休み時間のうちに、遅くても次の休み時間には関係者に "ほうれんそう" します。放課後のことならば、すぐに関係者に連絡します。たとえ会議中であっても中断してもらって連絡します。子どものことが最優先されるべきです。

なぜ、こんなに急ぐのでしょうか。

被害者の立場になってみるとすぐにわかります。

「あのとき、〇〇先生は見ていたはずなのに」「先生に相談したのに」などと思うはずですから、多分「もしかすると、解決してもらえるかも」と期待しているでしょう。そのようなときに、事情を聴かれるのが翌日、相手からも事情を聴き取るのに翌々日、情報が確定して確認するのにもう1日、保護者に連絡がいき、翌日から指導が始まるなどというスピードでは、とても被害者は不安です。「相手から何か言われたらどうしよう」とか「先

63

生はわかってくれているのかな」などと不安を抱いているに違いありません。

　しかも、子どもの世界では「いざこざ」「もめごと」などの「トラブル」はつきものですから、いくつも同時に起きるので、次々と対応していかなければいけません。

　私はいつも原則として、その日のうちに対応しました。その日のうちに双方から聴き取り、保護者にも連絡して対応方針を示し、事実の食い違いは翌日になくし、すぐに指導に入りました。放課後や夜に家庭訪問をするケースも多かったです。その頃には、もう次のトラブルに対応していました。これくらいのスピードが必要ですが、複雑なケースは学年生徒指導係で分担し、保護者や当該生徒には理由を示して、待ってもらいました。そうすれば、保護者にも本人たちにも「取り組んでくれている」という信頼感を持ってもらえます。

　とにかく素早く対応することを基本原則としていました。

　生徒の困っている情報をどんな理由があっても事実上放置してはいけません。どのように発展するかは誰にもわからないからです。よくあるのは「様子を見る」「多分重大なことではなく、一過性だろう」と都合良く判断してしまうことです。ここには何の根拠もなく、教師側の希望にすぎません。常に「最悪」を想定して対応することが必要です。最悪を想定するのは危機管理の常識です。

4章　よい"ほうれんそう"のポイント

5 誰に"ほうれんそう"するのか

　具体的に述べましょう。

　通常は問題が起きた組織の責任者にまず連絡します。学級ならば担任、部活動ならば顧問ということになります。そして、そこから必要な関係者である教師に連絡がいくことになります。

❶ 例えば、休み時間のいざこざを見つけた隣の学級の教師は、その子たちの担任にきっと"ほうれんそう"するでしょう。そして、本当に単なるいざこざであったなら、多分解決は難しくないので、担当は学年の生徒指導係に"ほうれんそう"して終了とすることができます。

❷ しかし、このようなことが同じメンバーで何度も起きるようだったら、この場合は学年の生徒指導係が学年主任・生徒指導部長（主事）などに"ほうれんそう"します。即座に会合を開き、見通しや方針を持ちます。

　しかし、担任にその次に学年主任に、そして学年生徒指導係や生徒指導部長（主事）に、最後は管理職になどというまどろっこしい手順を踏んでいては"ほうれんそう"しても意味がありません。とりあえずは、担任は学年主任と学年生徒指導係には同時に連絡したり、重大な問題行動（例えば、いじめ・一方的な暴力・恐喝などの犯罪行為）などは、はじめから全員を集めて一度で"ほうれんそう"するなどというシステムにすべきです。それも全員がそろう放課後を待っていてはいけません。一人、二人欠けていても構わず開きます（これについては本章10で詳しく述べています）。

6 何を"ほうれんそう"するのか

　見たまま聴いたままを"ほうれんそう"すればよいのですが、これが案外と難しいのです。通常、連絡を受けた教師はその初期情報を基に事実調べに入りますので、かなりの時間を費やし、結果として対応が遅くなります。おまけに初期情報に「多分、大したことはないようですが」とか「ただふざけていた程度だと思いますが」などの推測（主観）が入っていると、初期情報を受けた側はその推測（主観）に引きずられてしまいます。

　ですから、もしどうしても意見や感想を言いたいならば、事実と推測（主観）は明確に区別して伝えます。忙しいときに「多分、大したことはない」などと言われれば誰でもそう思い込むでしょう。

　3章①-（2）でも述べたように推測（主観）は事実とは明瞭に区別して"ほうれんそう"しないといけません。"ほうれんそう"に欠くことができないのは、5W1H です。言うまでもないことですが、5W1H は when（いつ）、where（どこで）、who（誰が）、what（何を）、why（なぜ）、how（どのように）です。もちろん、初期情報では「なぜ」の根本的な背景はわからないことが多いのですが、だからこそこの段階で、発見者が推測で「大したことではないと思う」とか「そんなに怒ってはいなかったようです」などという根拠のない推測を入れて"ほうれんそう"してはいけないのです。

　以上が最初の"ほうれんそう"ですが、3章③-（3）で指導過程での"ほうれんそう"を全部まとめておきました。

4章　よい"ほうれんそう"のポイント

7 早く対応するために、どのように "ほうれんそう" するか

　最初の発見者や気づいた教師はすぐに口頭で連絡します。担任や直接関わりのある教師は初期情報を集める対応をするはずですが、簡単な対応で終わるような問題であれば、結果については口頭でよいと思います。

　しかし、実際には簡単に解決できるものばかりではなく、複雑な人間関係や根深い原因や理由があることも多いです。これを口頭で"ほうれんそう"しても、聞いている者にはなかなか理解できません。

　たとえ、結果的に解決できても「なぜ解決できたか」「なぜ根深い原因や理由がないと判断できたか」などがわかってもらえないと意味がありません。そのためには必ずメモを用意することです。記録として残す意味もあります。簡単なメモでよいのです。複雑な人間関係は図示し、時系列にしたがって5W1Hと聴き取った結果と双方の言い分を示し、事実（最終情報）をメモしておきます。1例を示しておきます。

〈暴力（？）の訴え〉

・放課後にA君が担任に訴えてくる。

・「今日3時間目の休み時間に、B君がC君の腰を3回〜4回ほどトイレで蹴っていたのを見た。何度かそういう場面を見た。C君は遊んでいただけと言ったけれど、あれは違うと思う」

・昼休みC君から。「ふざけて遊んでいるだけ」の一点張り。

・C「これまでにもよくあることで気にしていない」

・再度A君「本人は気にしていないと言っても、本当は違う。何度も

見たし、いつもC君がやられている。B君とは友達ではないはず」
「日によってはD君とE君が、見張り役みたいなことをしていた」
・この後、C君の家を家庭訪問し、親にも相談します。

　このメモなら受けた側も、切り抜いて「記録ノート」に貼り付ければかなり時間の節約になります。
　詳しいメモをつくる時間がないときは、さらに簡略化したメモでもよいのです。その場合は口頭での"ほうれんそう"を中心とした、もう少し簡略化したメモを作ります。

〈暴力（？）〉
・A君から「C君がトイレでB君から腰を蹴られる暴力を見ました」
　という訴え。
・A君はこれまでにも何回か見たらしい。
・昼休みC君から聴き取り。「ふざけて遊んでいるだけ」の一点張り。
　「これまでもよくあることで気にしていない」
・再度A君。「いつもC君がやられている。D君とE君は見張り役」
・今日、C君を家庭訪問し、親とも相談。

4章　よい"ほうれんそう"のポイント

時間がないときは、次のような簡単なメモで説明します。

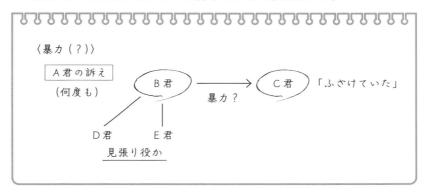

ところで"必ず"メモで報告するという硬直したやり方はいけません。一番重要なことは早さです。また最初に"ほうれんそう"の問題行動の性格を言っておくと、聞く側はわかりやすいです。上のメモでは〈暴力（？）〉の部分です。けんか、嫌がらせなどと示します。

8 常に“最悪”を想定して、その後の様子を見守る

　対応の一つに「様子を見る（見守る）」というのがよくあります。担任が連絡を受けたのに様子を見守ることにしたり、せっかく“ほうれんそう”をしたのに、関係者が協議して様子を見守ることにしたりする場合があります。

　多くの場合は的確な方針が出せないため、とりあえず見守ることにすることがあります。重大なことではないと根拠なく判断して見守りという方針で一時しのぎをしていただけとしか思えません。その一時しのぎの間に、事態は悪化します。それが「いじめ自死事件」によく見られる現実です。2013年の「いじめ防止対策推進法」制定後の「いじめ自死事件」でみてみましょう。

　2016年神戸市垂水区で中学3年生女子が自死しました。再調査報告書では学校側の対応はいじめという認識はなく、「様子を見る」といった対応でした。そのことがいじめを深刻化させたと指摘しています。

　2017年兵庫県多可町では小学5年生女子が自死しました。この再調査報告書でも、学校側は具体的に対応せず「様子を見る」という対応に終始したことが指摘されています。

　同じ2017年に福島県相馬市の中学2年生女子が自死しました。事件後、市教委は「いじめを認識し、指導もし、見守っていたのにこうした結果を防げなかったことは反省しなければならない」としています。

　同じく2017年に福島県須賀川市で中学1年生が自死しました。学校側

4章　よい"ほうれんそう"のポイント

は、「いじめは解消したと判断して様子を見ていた」らしいのですが、死に至りました。

　いずれも、いじめと認識していたかどうかにかかわらず、またいじめとして対応したかどうかにかかわらず、「見守り」の失敗によるものであることが共通しています。学校現場ではよくある手法であることからも熟達する必要があります。

　常に最悪を想定した見守りでなければ、見守る意味がありませんし、文字通りに様子を見ているだけでは何にもなりません。

　本書の主要な内容ではありませんが、「見守り」について少し具体的に述べておきます。

> ・起きたことのレベルで違いますが、一定期間（1週間〜数週間）の見守りの具体的な項目をもつ。例えば、昼休みは離れた所で見守る、休み時間は教室に立ち寄り本人にそれとなく確かめる、放課後は家庭に連絡し、電話で直接確かめるなどと、毎日、見守り項目を点検する。
> ・例えば、被害にあった子と仲のいい友人から定期的に様子を聞く。
> ・毎日保護者と連絡をとり、保護者からも様子を聞いてもらう。保護者には本当のことを言っている場合がある。「見守り」の項目としては最も重要なものなので、次の 9 で説明しましょう。

　当然、これだけのことをするには学年生徒指導係を中心にした援助体制がなくてはいけません。しかも学年の中で対応する生徒指導は、通常まだまだありますから、実に大変な仕事だと思います。

71

9 保護者と見守るために "ほうれんそう" する

　この「見守り」は保護者への "ほうれんそう" という視点からも重要なことですので、少し具体的に述べておきます。

　「見守り」の軸の一つは保護者です。被害者が本当のことを言えないという事情があると、教師は「見守り」がうまくいっているのかを正確に確かめることはなかなかできません。また、校内では加害者の目もあり、本当のことを言いにくい環境もあります。

　そのようなときに確かめる方策の一つが、保護者の力を借りることです。子どもの中には保護者には本当のことを話している場合が多いからです。また、保護者であるからこそ気づくこともあります。

　このことに協力を惜しむ保護者はいません。問題は保護者に丁寧な "ほうれんそう" をしているかどうかです。

　その点で「いじめ自死事件」の中のいくつかには、疑問を持たざるを得ないものが少なくありません。以下にそのいくつかを示しておきますが、マスコミが "ほうれんそう" の視点で報道したものだけですから、実際にはまだまだあると思われます。

　2014年に起きた仙台市泉区の中学１年生男子の事件では、第三者委員会の調査報告書が「対応方針を保護者と協議せず、対応後の指導が功を奏しているかの検証および注意深く見守ることをしなかった」「関係生徒の保護者への連絡を怠っていた」などと指摘しています。

　節目節目で保護者に "ほうれんそう" することを怠ったわけですが、「い

4章 よい"ほうれんそう"のポイント

じめ問題」に限らず、あらゆる問題行動の解決には、原則として保護者の合意を得ながら進めるのがベストです。例外は、加害者側が納得していなくても学校として方針を貫く場合があります。例えば、犯罪行為など。

2015年、岩手県矢巾町の中学2年生男子が自死した事件では、被害者が「生活記録ノート」に書いた訴えや自死の予告を担任は家庭に知らせていなかったことがわかっています。父親は、「ここまで書いていたのなら、なぜ連絡してくれなかったのか」と学校に不満を述べています。

これも生徒指導のキホンから大きく逸脱したあり得ない対応です。"ほうれんそう"すらしていないのでは、協力は得られるはずがありません。

2017年に起きた仙台市青葉区の中学2年生男子の事件では、その後、市教育委員会が認定した8件のいじめのうち、4件は被害者の親に、全8件を加害者の親に連絡していなかったことが報道されています。

加害者の親に全8件を連絡せずにどうやって解決しようとしたのか、実に不思議な話ではないでしょうか。

2020年には神戸市垂水区で中学3年生女子が自死しました。遺族側の弁護士は、「認定されたいじめの事実は、学校側から全く知らされていなかった」と批判し、「両親は（第三者委の調査）報告書を読んで初めて知ったことばかり」だったということです。

これも「いじめ問題」を解決する力量がなかったというより、生徒指導の力量がなかったとしか思えません。もし、「いじめ問題」でなかったら、保護者に"ほうれんそう"したのでしょうか。

これらの事件では、保護者には連絡さえいっていません。これでは保護

者との見守りもないという生徒指導上の初歩的なミスが発生しやすく、"ほうれんそう"の重要性が無視されている事件といえます。

　この"ほうれんそう"を怠る原因をマスコミや各調査報告書では「いじめの認識」がないために、"ほうれんそう"をしなかったと分析するケースがほとんどです。ですから「いじめの認識」が最も重要なこととされているわけですが、これは私の経験上間違っていると言わざるを得ません。

　「些細なこと」か「いじめ」なのかは、初期情報の段階ではわからないのですから、「いじめの認識」があったかどうかではなく、些細なことであっても保護者には"ほうれんそう"することを基本とすべきです。

　また、不確かな初期情報の段階では保護者に"ほうれんそう"せずに、確定に近い"最終情報"で"ほうれんそう"したほうが混乱もなく能率もよいという考え方が学校現場にはありますが、これはとても危うい考え方です。聴き取った情報（主として事実関係）を確定したと判断することは、誰にも判断できないし、確定するまでの間に事態は進行することも多く、とても危うい考え方としか言いようがありません。

　聴き取りの過程や節目となる指導過程は、できるだけ保護者にも"ほうれんそう"することを原則にすべきです。

4章　よい"ほうれんそう"のポイント

10 できるだけ会合の数を減らすために 一度ですませる工夫をする

　このように"ほうれんそう"が大事にされない大きな理由の一つに、学校現場の忙しさがあります。そのため「もし些細なことで、時間を無駄にしては申し訳がない」などという心理が働き、明らかに重大なこと以外は迷惑をかけられないと思い"ほうれんそう"を怠る原因になってしまうのです。それには学年主任→学年生徒指導係→生徒指導部長（主事）→管理職というルートを一度にすませるために、全員を集めて一度で終わらせるのです。

　初期情報による"ほうれんそう"ですから、「当面はまずどうするか」という方針なので、短時間ですみます。最終情報が確定できたら、その後の方針は後日きちんと時間を確保してやればよいのです。

　一人、二人が欠けていても構わないから、その日のうちに"ほうれんそう"して、方針を実行します。余程不適切な方針でない限り、すぐに対応するほうが良い結果を生むでしょう。良い方針を求めて様子を見たり、先延ばししたりして、被害者生徒やその保護者から不信を買ったり、事態がさらに悪化したりすることもしばしばみられます。

11 必ず今後の対応方針の "原案" をつくり助言をもらう

私（吉田）自身は学校現場で30年以上、生徒指導に携わっていました。担任はもちろん学年主任になっても、いわば最前線（？）でやってきました。ですから、無数の"ほうれんそう"を経験していますが、一番困ったのは何かというと"原案"が決まらないことでした。

よくあるのは会合で情報を交換したり、意見を出したりしても、結局「ではすぐにどう対応するのか」が不明確のままで終わり、担任や関係教師が何をすべきかが決まらないケースがあります。その結果、担任は様子を見ていたなどということがおき、その間に事態が悪化してしまうのです。

「では、こうしましょう」という次の方針を誰かが言うのを待つのではなく、稚拙でも良いから"ほうれんそう"する側も"原案"を出すことが不可欠です。「では、こうしましょう」と誰も言わずに何も決められない会合では、開く意味もありません。多分、「うまくいかなかった」ときを恐れた責任逃れの姿勢があるのでしょう。

"原案"を出すことによって、関係者が対案も言わないならば原案の方針に納得したと判断できます。もし、原案に否定的な意見を言うのであれば対案として協議すればよいわけです。

逆に、学年主任・生徒指導部長（主事）・管理職は"原案"や"対案"を提示できる力量のある者でなければいけないということです。教師には授業の力と生徒指導の力の両方がないといけませんが、私の経験上、近年生徒指導はほとんどやったことがない学年主任や生徒指導部長（主事）が

4章　よい"ほうれんそう"のポイント

増えていて、そのことを危惧しています。

　また、対応方針の原案や対案を実行する"援助体制"がなければ、方針は絵に描いた餅になってしまいます。ほうれんそうによって最終情報を確定する、方針をつくる、援助体制をつくる、この３つはセットと考えなくてはいけません。これをやり遂げる力が生徒指導には必要なのです。

　生徒指導とは、実に面倒で手間のかかるなものだと思います。

　３章③－（３）でも述べましたが、"ほうれんそう"は１回限りで終わるわけではありません。最初の発端となる初期情報の"ほうれんそう"が一度目、そのときの方針に基づいてさらに確定した最終情報のそれが二度目、その対応の結果や経過を相談するのが三度目などと、最低でも三度、通常は何度も必要です。これらを面倒がったり、担任まかせにしたりすると軽微で終わるものも重大化してしまいますので、要注意です。

12 組織的対応には的確な "ほうれんそう" が不可欠

　さて、最後に"ほうれんそう"がきちんとされていないと生徒指導そのものが揺らいでしまうことを知ってほしいと思います。

　「いじめ自死事件」の調査報告書が、常に指摘しているのが「情報が共有されていなかった」「組織的対応がなかった」です。

　情報の共有がなければ、組織的対応（チームで対応）などできるはずがありませんから、この二つは一体となっているものです。

　「いじめ防止対策推進法」制定後の事件で見てみます。

事件❶

　2013年熊本市の高校1年生の女子が自死しました。県教育委員会の調査結果では「LINE上のトラブルが、教職員に共有されていれば……」としています。また、校長は記者会見で「仲直りしたと判断した時点で情報共有が途切れて、私に報告がなかった。組織として対応できていれば」と述べています。報道によると、自死の2カ月前、両親から相談を受けた学校側は生徒同士で1回話し合いをさせただけで解決したと判断したようです。

　情報の共有の欠如だけでなく、解決の仕方やその後の見守りなど多くの点で対応が稚拙でした。仮に"ほうれんそう"があっても、的確な対応をしたり、効果的な方針をつくることが可能な学校だったのだろうかという疑問が残ってしまいます。

4章 よい"ほうれんそう"のポイント

事件❷

2014年山形県天童市で中学1年生の女子が自死。調査報告書は母親は担任に相談していたが、「情報が学校全体で共有されなかった」「個々の教員に兆候となる情報を組織的に共有するという意識が欠けていた」と批判しました。

担任は「（加害生徒は）問いただすと言い訳する生徒で、確証が取れないことは指導できなかった」と述べましたが、加害者が事実を認めないのは生徒指導の世界では頻繁にあることです。それでも加害者の言動を止めさせることはいくらでも可能ですが、だからこそ"ほうれんそう"することによって教職員の知恵を集めることが重要なのです。

事件❸

2015年岩手県矢巾町の中学2年生男子の事件でも、調査報告書は「情報を教職員が共有できなかった」と指摘しています。事件後、担任は父親に「（本人との）信頼関係もあり、自分で何とか解決したかった」と言っているぐらいですから、組織的対応の観点が全くないことがうかがえます。

おそらく、この学校には当該担任だけでなく、生徒指導全般に組織的に対応する習慣そのものがなかったのではないかと推測します。

事件❹

2017年兵庫県多可町で小学5年生の女子が自死しましたが、この事件でも報告書は「学校で問題が共有されることなく、組織的対応ができなかった」と指摘されています。再調査報告書では、学校側は具体的に対応せず「様子を見る」という対応に終始したと批判していますが、この学校にも組織的対応の観点が欠如していたと言わざるを得ません。

79

事件 ❺

2019年岐阜市で中学3年生男子が自死しました。ここでも重要な情報の一つである、女子生徒が男子生徒の受けているいじめを担任に訴えた手紙（メモ）は、副担任にだけ見せて相談しましたが、有効な対応はとれませんでした。学年主任にも管理職にも報告されず、情報の共有はなかったと報道されています。

手紙（メモ）までありながら、なぜ生徒指導の要になる学年生徒指導係・生徒指導部長（主事）・学年主任・管理職などには"ほうれんそう"がなかったのか不思議な話です。"ほうれんそう"の習慣そのものが定着していない学校としか思えません。

事件 ❻

2020年横浜市で起きた中学2年生女子の自死事件も、調査報告書は「校長が教員に任せきりで、いじめに組織として対応しなかった」などと指摘しました。私も横浜市の教員でしたので、実に恥ずかしい限りです。

教員に任せきりの校長とは半ばあきれるばかりですが、そういう管理職がいることは教育委員会の責任でもあります。

事件 ❼

2022年大阪府門真市で起きた中学3年生男子の場合も、第三者委員会は学校が組織的な対応を怠ったと批判しました。また、生徒本人や保護者が繰り返し被害を訴えていたにもかかわらず、学校側はいじめと認めず「いじめ防止対策推進法」に基づく対策委員会を開かなかったとしています。普通に考えても、なぜいじめと認めないと対策委員会が開かれないのかということです。

4章　よい"ほうれんそう"のポイント

　いじめであろうがなかろうが、再三の被害の訴えをまず"ほうれんそう"
して、生徒指導の関係者で協議するのは当然の対応のはずです。「対策委
員会」というのかどうかは、どうでもよいことであって、この学校にも"ほ
うれんそう"の習慣そのものが定着していないとしか思えません。

事件 ❽

　2022年熊本市の高校1年生の自死でも、第三者委員会の会長は「生徒
に寄り添い、組織的な対応に切り替えるなどしていれば、最悪の結果は防
ぐことができたかもしれない」と述べました。

　自死した生徒は部活動でのいじめを顧問に相談していましたが、顧問は
「生徒のメンタルが弱い」と見なしていたようです。組織的対応のよいと
ころは、例えば「そう思うが、メンタルが弱いのだから何らかの対応をし
よう」とか、「これだけの被害があれば嫌になるだろう」などの異論も出
ることです。　これでは"ほうれんそう"の長所が活かされません。

事件 ❾

　2023年兵庫県相生市の中学2年生男子が自死した調査報告書では、「36
件をいじめと認定」し「学校はいじめを受けていることを認知していたが、
チームとして対応せず情報共有もできていなかった」と指摘しています。

　「いじめの認知」をしていても、組織的対応をしていなかったと指摘さ
れており、多くの嫌がらせ行為があったことが報道されています。組織と
してこの嫌がらせ行為をどう解決するかも検討しない「いじめの認知」と
いうのはあるのだろうか、と大きな疑問を持ちます。おそらく「いじめ問
題」に限らず、生徒指導全般にわたって緻密な対応がされていない学校と
判断せざるを得ません。

このように学校現場の組織的対応が欠如していることを指摘した、マスコミによる報道は実に多いのですが、「いじめ問題」の対応に失敗した学校はおそらくほとんど大半が、この組織的対応の欠如が問題だと思われます。この指摘のない調査報告書もありますが、その視点では検証しなかっただけのことで、実際にはまだまだあると推測できます。

　筆者自身は2でも述べたように、「いじめ問題」は「いじめの認知」が厳密ではないから、起きてしまうという考えではありません。むしろ、「いじめの認知」にこだわるから（つまり「いじめの篩」）、「いじめではない」と判断されて、その篩から漏れた「いじめ」が死に至ることになるという考えです。

　組織的な対応は「いじめ問題」に限らず必要な対応であり、また組織的な対応さえすれば解決できるというわけではなく、生徒指導上の「トラブル」に対応できる力こそが必要です。言い換えると、「いじめの認知」よりも「起きたトラブルに対応できる力」こそ身につけなくてはいけません。「いじめ防止対策推進法」が制定されてから、すでに10年が経過しましたが、調査報告書では相変わらず同様のことが繰り返し指摘され続けています。「情報の共有」と「組織的対応」の欠如はその一つです。

　組織的に対応（チームで対応）するには、情報の共有は不可欠です。そして、その情報の共有には的確な"ほうれんそう"がいかに大切なことかがわかります。いま、的確な"ほうれんそう"に熟達することが問われているのではないでしょうか。

5
章

保護者対応と
"ほうれんそう"

① 保護者とは

　保護者を苦手とする方もいますが、最初から保護者に苦手意識をもって接していても、保護者とうまくいくことなどありません。まずは、保護者の教育権について正しく理解しましょう。

　法学者　市川（2007）は、親の教育権には以下のように二相あると言います。

　　第一の領域は、狭義もしくは固有の親の教育権ともいうべき領域で、親は、他者の介入を受けずに、自己の思想・信条、世界観・価値観、生活様式、嗜好などに従って、家庭生活を営み、そこにおいて子どもに教育する権利を有する。
　　第二の領域は、子どもの権利の代位行使権で、子どもが自らの権利を自らだけでは守れないことから、親に認められた子どもの最善の利益の第一次的擁護者としての地位から生ずる。子どもの権利・利益が第三者によって侵害されたり、あるいは、侵害される危険が生じた場合、子どもの権利・利益を、特に人権を子どもに代わって代位行使して、権利侵害を未然に防止し、または、侵害された権利・利益を回復する機能である。

　学校へのクレーム等に関しては、二相のうち第二の領域と考えたらよいでしょう。では、子どもの代位行使権者である保護者からの情報請求権についてはどうなっているでしょうか。市川は次のようにも述べています。

5章　保護者対応と"ほうれんそう"

　親は、学校の生活指導を含む一般的な教育指導内容についての情報提供により、子どもの人権侵害を未然に防止することがはじめて可能になるだけでなく、体罰、いじめや学校事故などの被害者になった場合、個別に体罰、いじめや事故についての報告、情報提供を得ることによって、被害拡大を防止したり、被害の回復・補償を求めることができる（代位行使権からの情報請求権）。

　親の情報請求権は、学校教育についての包括的・全般的な情報に対する一般的情報請求権と、個別にわが子について問題が生じた場合の個人権としての情報請求権とが区別される。前者は、後者の前提をなすいわばベースとしての情報請求権で、親の学校教育への参加・協力の基礎となり、父母会などの形で集団的に情報提供がなされるのが一般的である。これに対し、個人権としての情報請求権は、あくまでも、わが子にかかわっての権利であって、何らかの身体・健康被害、極端な成績低下や対人関係のトラブルなど、親の教育権行使にとって不可欠な情報に対するものといえる。

　これらから、代位行使者として保護者が何か学校に質問してきたり、情報を請求してきたりすることは、正当な権利だといえます。もちろん、保護者が教師に対してハラスメント的な行為を行うことは許されませんが、「あの保護者はうるさい」などと即断することは、保護者の正当な権利を否定することになってしまいます。

　この点、例えば筆者が2023年に訪問したオランダの小学校では、教員と保護者の間にある垣根はかなり低い印象でした。保護者は朝8時頃子ど

85

もを学校に送り、お昼過ぎの14時頃には迎えに行くため、仮に保護者と教師が話をしなくとも、お互いに毎日顔を見合わせ、挨拶を交わすといった毎日です。もちろん、教員に聞きたいことはその都度たずねていました（片山編著 2024）。

わが国では、保護者参観日があるものの、教師と保護者が直接フランクに話をする機会は多くありません。働き方改革の点から、家庭訪問や学級通信を廃止する学校も増えています。それらに関しては、教員の負担軽減の点で筆者自身も賛成ですが、教員と保護者の距離が遠のき、うまくコミュニケーションが取れていないようにも思います。

さて近年、プライベート時間を優先したい若者は教職を敬遠する傾向にあります。長時間労働がその理由ですが、その背後にあるのが保護者とのトラブルやその対応のようです。

保護者との間でトラブルが起きるのは、端的に言えば、保護者と自信を持って対応できる知識や技術がないからです。知識や技術がなければ、ただただ保護者に迎合するなどして、トラブルが大きくなります。

よく教育現場では「共感する」ことが大事だと言われます。しかし、単に保護者に「共感する」ことだけが、保護者対応だと勘違いしているようではだめです。保護者に「寄り添う」だけでうまくいくものでもありません。保護者に対して、受け身になっているから、つらくなるのです。

保護者とのトラブルを減らすには、きちんと生徒指導の知識や技術を身につけることです。その上で、"ほうれんそう"しながら、スピード感を持って対応すれば、恐れることはありません。

5章　保護者対応と"ほうれんそう"

2 保護者への"ほうれんそう"を怠ると子どもが危機に陥る

　子どもに何らかのトラブルが生じて保護者に連絡しなければならないことが生じても、連絡することが苦手という先生がいます。保護者への連絡を疎かにすると、様々な問題が生じます。

　特にいじめ事案では、その影響が露骨に現れます。保護者への"ほうれんそう"がないと、怒った保護者が「うちの子はいじめられている。にもかかわらず、担任は何の連絡もしてこなかった。このままだと安全ではないから、子どもを学校に行かせることはできない」と主張してくることがあります。保護者には就学義務があり、行かせないことは厳密に言えば就学義務違反になりますが、上記のように主張し、こじれることがあります。

　ではここで、保護者への"ほうれんそう"を怠ったいじめ重大事態の事例を見てみましょう。

❶宮城県仙台市泉区で起きたいじめ事案

　2014年9月に起きた仙台市泉区の中学1年生男子のいじめ自死事案です。報告書では対応方針を保護者と協議せず、対応後の方針の検証をしなかったと指摘されています。以下、報告書より一部抜粋します。

> 　当該生徒については、自死の数ヵ月前から、見下す言葉でのからかい、友人たちが隠れ一人にされるといった仲間外れ、消しゴムのカスをぶつけられたり、後ろから机で椅子を押されることなど、いじめを受けているという保護者からの相談が何度もあった。担任も

87

当該生徒が泣いているところを見かけていたことから、学校では臨時会議を開き、情報を共有しながら、担任が関係生徒に説諭したほか、謝罪の会で学年の教員が指導を行うとともに、集会を開き広く生徒にいじめの注意喚起を行ってきた。しかし、事案発生後の調査によって、対応方針を保護者と協議せず、この件以外にも生徒間トラブルもあったことから、対応後も指導が功を奏しているかの検証及び注意深く経過を見守るということをしなかったこと、また、これらのいじめについては、学校から教育委員会への事故報告はされておらず、関係生徒の保護者への連絡を怠っていたことなど、学校の対応に問題があったことがわかった。

（仙台市教育局教育相談課「市立中学校生徒の自死事案に係る調査結果について」記者発表資料2015年8月21日）

❷岩手県矢巾町で起きたいじめ事案

2015年7月5日、岩手県矢巾町で公立中学2年生のA君（13歳）が、自ら電車に身を投げ、命を絶ちました。A君は中学1年生のとき、バスケットボール部に所属していましたが、体力および技術面から皆と同等の練習をこなすことが難しく、同学年の部員らから練習中に強い言葉をかけられたり、失敗を責められたりする言動を受けていました。

また2年次のクラス内において、同級生から顔を殴られたり、頭を机に押しつけられたり、わき腹を突かれる暴力を受けるなど、ちょっかい、からかいの対象とされ、心理的物理的な攻撃を受けていました。こうした行為に対し、A君は精神的な苦痛を感じ、生活記録ノートに記載するなどして担任に訴えたり、家族に相談したりしていましたが、A君が「死」という言葉を記載していたことについても、保護者に一度も情報提供していま

5章　保護者対応と"ほうれんそう"

せんでした。事件後、担任女性教諭（当時43歳）は戒告処分となりました。
報告書には次のように書かれています。一部抜粋します。

> 　Ａ自身が家族への報告を望まなかったことなどさまざまな理由が
> あったとしても、Ａが「死」という言葉を記載したという事実につ
> いて、一度もＡの保護者に情報提供をしなかったことも、同様に当
> 該中学校の不適切な対応と認定する（第２章）。
>
> 　いじめ重大事案の防止のためには保護者、さらには地域住民の協
> 力は不可欠である。（…省略…）家族が多様化するのに伴い、生徒・
> 保護者と学校との関わり方も大きく変化している。こうした変化に
> 対応して教職員も保護者との信頼関係を構築していくことが必要で
> ある（第Ⅲ部４章）。
>
> （矢巾町いじめ問題対策委員会「調査報告書 概要版」2016年12月23日）

❸宮城県仙台市青葉区で起きたいじめ事案

　2017年４月に、仙台市の青葉区で中学２年生男子のいじめ自死事案が
起きました。８件のいじめが認定されましたが、被害者の親にはそのうち
４件だけを報告し、加害者の親には全件を報告していませんでした。

　以下、「調査結果の答申について」より一部抜粋します。

> 　本件事案は、生徒間のいさかいを端緒とするいじめが、当該生徒
> の度重なる訴えにもかかわらず継続し、それがそうした事態の背後
> にある、学校側の当該生徒の特徴を十分に踏まえていない援助・指
> 導のあり方や、加害生徒はもちろん、周囲の生徒への指導のあり方、
> 保護者との連携不足といった要因と相まって、重大事態が発生す

るに至ったものである。

（仙台市教育委員会「市立中学校生徒の自死事案（平成29年4月）に係る調査結果の答申について」令和元年8月）

　そのほかにも、2021年2月、山形県酒田市でも、保護者に伝えなかったという同様のことが起きています。中学1年生女子から教育相談や担任の聴き取りでいじめを把握し、校長にまで報告されたのですが、保護者には伝えられていなかったというのです。「その後もう一度あったら親にも連絡しよう」ということで「要観察」としていましたが、後日、生徒は自死しています。

　いずれの事案も、保護者に“ほうれんそう”しておけば、何らかの異なった対応がなされたでしょうし、保護者は登校を一旦中止させ、自死が防げたかもしれません。もちろん事後にあれこれ言っても、実際どうなったのかは誰にもわかりませんが、保護者への“ほうれんそう”を滞らせることが、子どもの死につながることをわれわれは肝に銘じておく必要があります。

　同僚への“ほうれんそう”はもちろんですが、保護者に対しても必要な情報は“ほうれんそう”で提供し、保護者も巻き込みながら解決することが大事です。

　基本姿勢は、保護者に“ほうれんそう”しながら、保護者を巻き込み、「一緒に解決策を考える」ことです。難しい保護者であっても、安易に敵対するのは得策ではありません。

5章　保護者対応と“ほうれんそう”

3 保護者に“ほうれんそう”する前に、「聴き取り」と「記録」を終える

　けがをした場合は、すぐに保護者にも連絡しないといけません。その経緯を含めてその時点でわかっていることを“ほうれんそう”します。

　事実の確認もしないで保護者に連絡をしても、安心してもらうことなどできません。

　いじめの事案等の“ほうれんそう”であれば、それまでの記録をもとに行います。記録を残すためには、子どもに聴き取りをしているはずです。聴き取りもせずに、さらには記録もなしに曖昧な“ほうれんそう”をしても保護者には不信感しか残りません。

　事案が起きれば、先入観や偏見を払いながら書くことを意識して記録します。教師が決めつけていないかどうかに気をつけながら事実を聴き取ります。その聴き取りをもとに、記録します。

　聴き取り時は、ポイントさえ押さえておけば簡単な記録でかまいません。あとで他の人が見てもわかるように清書すればよいです。

　聴き取りをしたら記録し、それをもとに、根拠を示しながら保護者に“ほうれんそう”するようにします。ぼんやりとした記憶を、さもこうであったというように自分の記憶の中で固定して、それを保護者に説明しても説得力はありません。

　『生徒指導の記録の取り方　個人メモから公的記録まで』（周防・片山2023）および『生徒指導の聴き取り方　場面設定から質問技法まで』（片山編著 2024）で記したように、生徒指導において聴き取りを行うことや記

91

録を残しておくことは非常に重要です。

　保護者によっては不当要求をしてくる場合もあります。その際も、記録という証拠をもとに説明するようにします。

　記録は、校内で情報共有したり、保護者に説明したりするためのものではなく、同時に警察や児童相談所に通報するための資料にもなります。

5章 保護者対応と "ほうれんそう"

4 重要なことは子どもより先に保護者に伝える

　いじめ事案などは、伝え方によっては保護者とトラブルになることが少なくないので、子どもより先に教師から保護者に伝えるようにしたほうがよいときもあります。誰しも、自分に非のあることを率先して人に伝えることはしません。子どももそれは同じです。仮に子どもが自分から保護者に伝えたとしても、自分のまずかった点は伝えなかったり、すっ飛ばしたりして、一部の事実だけを伝えたりもします。そうなると、保護者が要らぬ誤解をしてトラブルになる可能性があるからです。

　特に気をつけなければならないのは、学校で行った教師の指導に子どもが納得していない場合です。帰宅後、自分に都合の良いところだけを保護者に伝え、加害をした子どもであっても、逆に被害を受けたというような伝え方をしてしまうことがあります。

　下校前の指導で子どもが納得できるように対応しておくことが大事ですが、一見納得しているように見えても、心のうちでは納得しておらず、自宅に帰れば指導したこととは違うように話すこともあるので、先に事実に基づいた情報を保護者に伝えるようにすると、誤解を防ぐことができます。

　子どもが帰宅するより先に、教師から直接保護者に正確な情報を伝えておけば、齟齬が生じることを減らせますし、保護者との間で生じる余計なトラブルも減らせます。

　事案によって、あるいは保護者によって意識したほうがよいということであって、いつもそうしなければならないわけではありません。

93

5 子どもの口から保護者に 伝えてもらうのもよい

　事実を子どもが納得していれば、子どもの口から保護者に伝えてもらうのも、一つのやり方として有効です。

　「『今日は、友達の〇〇さんと言い合いのけんかをして、先生から注意を受けました。友達にけがはなかったです。〇〇さんに謝りました』とお家に着いたらお母さんに必ず伝えてね」と子どもに念押しして帰宅させます。子どもが低学年の場合であれば、教師の前でどのように伝えるのか、一度練習させてから帰宅させるのもよいでしょう。

　子どもの帰宅した後で、電話連絡をすれば保護者は子どもから事情を聞き、ある程度理解してもらっているので、簡単な連絡で終えることができます。

　急に学校の先生から電話があると保護者が驚いてしまうこともありますが、事前に子どもから概要だけでも伝えておいてもらえれば、大まかな内容は伝わっていますし、納得してもらいやすいです。

　万が一、子どもの情報が間違っていれば、電話をかけた際に正すこともできます。保護者との間で齟齬が生じないように"ほうれんそう"すれば、保護者に不安を感じさせるようなこともありません。

　子どもから保護者に伝えてもらうのか、子どもより先に教師から保護者に伝えるのかについては、ケースバイケースではありますが、深刻な場合は教師から先に伝えるというのがキホンです。

5章　保護者対応と"ほうれんそう"

6　保護者に対して、まずいことも伝える

　子どもの行った行為については、言いづらいことであっても、伝えなくてはいけないことは、伝えなくてはなりません。「お母さん、実は最近、友達を蹴ったり叩いたりすることが増えています。何かご家庭でお子さんが不安を覚えるようなことが生じていませんか。心配なので、電話させていただきました。（……略）どうしたらよいのか、僕も一緒に考えさせていただけませんか？」などと、早い段階で伝えたほうが、それ以上事態を悪化させないように思います。

　保護者からの要望についても、その場しのぎで安易に伝えたり、保護者によい顔をしてすべて聞き入れてしまったりすると、そのうち行き詰まってしまいます。「共感するということ」を誤って実践（……）すると、ただただ聞いてしまうだけになります。そうなると保護者から、「先生は『うんうん』と聞いてくれていた。了解してもらっていると思っていたのに……」といった反発をあとで受けることになります。最初は「いい先生だ」と評価され、よい印象を持たれるかもしれませんが、やがて「あの先生はなんでも聞いてくれる」となり、そのうち無理な要求をされたり、食い違いが生じたりして、最後は保護者とトラブルになってしまうのです。

　保護者から要望があった場合、その要望を受け入れても「学級経営に支障が出ないか」「学年や学校として問題がないか」に考えを巡らせ、難しいと判断した場合は、毅然と断ります。「それは難しいかと思います」と、ハッキリ断ることが大事です。

95

7 対面と電話やメールでの "ほうれんそう" を使い分ける

　対面かそうでないのかは事案の深刻さによって、その都度判断することになります。例えば、小さなけがであれば電話で連絡するかもしれませんが、重大なけがである場合は、そうもいきません。電話ですませるのと対面とでは、その事案への姿勢がそこから読み取れます。家庭訪問するか、保護者に学校に来てもらうかは別として、深刻な場合は対面で伝えるようにします。

　大きな事態には至っていないとしても、電話で初期情報をまずは伝えたほうがよい場合もあります。いじめられていることを本人が否定していたり、確証を得ていなかったりしても、一定程度心配が懸念される場合などです。それまでの情報を伝え、子どもや保護者と一緒に解決したいということをまずは電話で伝えます。そのあと必要に応じて、学校に来ていただくなどして対面で伝えます。

　いじめがあったことがはっきりし、対応するといった連絡の場合は、対面で伝えるのがキホンです。今後の対応として、休み時間や授業中、登下校時、座席等、学校で配慮する点を保護者や子どもの希望を聞きながら、話し合って一緒に対応策を探る必要があるからです。

　生徒指導事案が起きた場合、メール等はできるだけ避けたほうがよいです。読み手によって誤解が生じやすいからです。お互いに事態への共通理解ができて、必要な情報を伝えるためだけであればよいのですが、いじめのような複雑な事案をメール等で伝えるのは避けたほうがよいでしょう。

5章　保護者対応と"ほうれんそう"

8 保護者にわかるように説明する

　ここで言う説明とは、起きた事実を冷静にかつ論理的に、言葉で保護者に伝えることです。まずは、丁寧に聴き取りをし、記録していることが、保護者への説明の際に力を発揮します。

　保護者に説明すると言っても、時間が経って行うと意味をなさないことが多いです。4章で述べたように、"ほうれんそう"にはスピードが求められますから。特にいじめ事案で、危険が予測されるときは、急いで"ほうれんそう"するようにします。

　自分の勝手な憶測を交えて事実を歪曲させながら話をしたり、自分の都合がよくなるように話したり、あるいは過度に感情を交えて話したりせずに、保護者の気持ちに寄り添いながらも、事実に沿って冷静に説明します。

　中には、「事前に子どもたちには注意していたのですが……」などと、言い訳を交えながら説明する先生もいますが、それはしないほうがよいでしょう。自分の立場を有利にしようとする言い訳に聞こえますし、それが続くと、保護者はいくら説明されても受け入れ難く感じます。言い訳のための説明では、むしろ反発を招くだけになってしまうのです。

　自分の立場が不利にならないように余計なことを付け足して説明することは控えましょう。もし、自分の指導や監督が不十分であれば、丁寧に自分の非を謝罪する謙虚さが必要です。

　説明のキホンは、あったこと（事実）をニュートラルに淡々と説明する、言い換えるとビジネスライクに説明するということです。誤解を招くとい

97

けないのですが、冷たくという意味ではありません。温かくも淡々とした偏りのない説明という意味です。

実は、説明というのはとても難度の高い技術でもあります。日頃から、主語や目的語を意識し、時系列に話す、冷静に話す、言い訳せずに話すなど、思慮深く話すことを意識しておかないと、事案が複雑になればなるほど、聞く側にとっては理解し難く、わかりにくい説明になってしまいます。

説明すなわち"ほうれんそう"の小刻みさも大事です。状況が変わっても保護者に伝えられないと、保護者が古い情報に基づいて勝手に行動し、さらに大ごとになることがあります。

3章で、複雑になると少なくとも10回程度は"ほうれんそう"が必要だと述べています。"ほうれんそう"は一度で終わることもありますが、事案が大きくなればなるほど増えます。

事案の展開を見ながら、途切れないよう小刻みに"ほうれんそう"することで、思いもよらぬ誤解やいらぬ動きがあちこちで生じることを防ぎます。

5章　保護者対応と "ほうれんそう"

9 保護者と一緒に考える

　もしかしたら、保護者に連絡すること自体を迷う場合があるかもしれません。連絡する程度のことなのかどうか躊躇してしまうということです。

　もちろん周りの教員や管理職に聞いたらよいのですが、そうした場合は、保護者に相談するという "ほうれんそう" もあり得ます。保護者と一緒に考えるための "ほうれんそう" です。

　相談するといっても、「子ども同士の関係が心配なので、ちょっと座席を離してみましょうか？」などと、学校でできそうなことがあれば自分から提案するようにします。

　気づかないうちに、勝手な思い込みで教員が自分なりのストーリーを作り上げ、対応を誤ることを防ぐ意味でも、（事案にもよりますが）、保護者と一緒に考えることは有効です。

　"ほうれんそう" が遅いことを含め、保護者への配慮のなさが保護者をイラつかせますから、保護者の希望を聞くことは大事なことです。相手がどうしたいのか（どのような状態になることを欲しているか）を確認することは、（不当な要求は別として）保護者対応においては必須といえます。

　中には、確かにクセのある保護者もいます。最後までわかり合えない保護者もいます。時には、イライラすることもあるでしょう。それでも「保護者と一緒に考える」をキホンにしてほしいと思います。その保護者も、自身でうまく整理できず、困っているのですから。

99

10 グレーゾーンがあることを肝に銘じておく

　事実の確認をして、十分調査したけれども明確にはわからないことも実際にはあります（片山編著 2024）。

　学校現場でトラブルがあると、教員は急いでつい白黒をつけたくなります。白黒つく場合は問題ないのですが、白黒つかないのに白黒をつけると、人権侵害の可能性が出てくるので要注意です。大人の刑事事件で言えば、犯罪を行っていないにもかかわらず、有罪と確定させてしまうようなもので、著しい人権侵害につながる危険があると言うことです。

　学校として、「わからないので調べる」という初期対応をすることは、必須のことではありますが、調べてもわからなければ、「（……があった可能性は否定できないものの）明確にはわからない」と結論することになります。そして、どのように明確にわからなかったのか、濃淡つけながら記録に残します。

　被害を訴える保護者に対しては、「今回は調べてもよくわからなかった」ということを伝えられる範囲で真摯に伝え、「今後気になることがあったら、すぐに連絡してほしい」と伝えます。

　ここで確認しておきたいことは、保護者への"ほうれんそう"とは、聴き取ったり、調査したりした上で、あくまでもわかっているところまでの"ほうれんそう"ということです。わかっているのに隠したり、わからないことまで推測を交えて"ほうれんそう"すると、本質から逸れた間違った情報が受け手に伝わってしまい、危険です。

5章　保護者対応と"ほうれんそう"

11 保護者と関わる力をつけるには

（1）異質な人と関わる経験を積む

　教員になる人の多くは、同質の友達、すなわち同じような環境で育った友達と一緒に過ごしながら教師になるまでの時間を過ごした方が多いように感じています。似通った境遇の友達に囲まれ、異質な人との関わりはあまりなかったのではないでしょうか。

　教師になって初めて、多様な子ども、多様な保護者に出会うと、その戸惑いは大きいでしょう。いくら大学で多様性について学び、頭では理解していたとしても、直接保護者に接した経験はないに等しいので、実際に対応しなければならない場面になって、初めて戸惑うことになります。

　多様な人と接した経験が乏しいと、保護者対応は間違いなく苦痛です。単に子どもが好きだから教師が務まると思ったらそれは違います。

　それよりもむしろ、異質な人と交流した経験があり、自分とは合わない子どもや保護者にも思いを馳せることのできる力を持っていることのほうが重要です。

　実際の子どもの姿はまさに多様です。保護者についてはさらに多様です。職業、年齢、学歴、嗜好、収入、人種や宗教も、経験も異なりますから、当たり前ですが多様な価値観から成っているのが保護者です。

　そうした保護者に対して、自分の価値観で、よかれと思ってこちらの考えを主張しても、保護者は頷いてくれるどころか、世間を知らない視野の狭い教員だと考えるでしょう。

101

経験の不足は、多様な価値観を受け入れることを自ずと避けてしまいます。うまく教員採用試験をすり抜けることができたとしても、そのあと現実の場面でしんどくなるのです。

　すでに教員になっているのであれば、仕事だけに生きるのではなく、趣味でもなんでもよいので、楽しみながら学校とは違う世界と交わる機会を設けてみるのはいかがでしょうか。

　教員になってしまうと、日々接するのが子どもですから、知らないうちに見方が一面的に、あるいは狭くもなります。敢えて身を置く場所を複数箇所持ち、視点を変えて見る習慣をつけることが大事です。

　多様な人と関わらなければ、実は自分のことも見えてきません。自分の考えが偏っているかもしれないことに気づくことができないのです。自分を俯瞰できないと、保護者とトラブルを起こしやすいので要注意です。

（2）質問する力をつける

　人の生き方に関心・興味があるかどうかは重要です。というのは、大前提として、人の生き方に関心・興味があることが、子どもや保護者の多様性に気づいたり、多様性を認められるようになったりすることを促すからです。

　人に興味・関心があれば、その相手に質問しながら、話をし続けることができます（片山 2024）。簡単だと思うでしょうが、実は、人に質問することはかなり難度が高いことです。

　例えば、筆者も教員研修で「質問はありませんか？」問いますが、手を挙げる方はそう多くはありません。質問そのものが講師の話から逸れてい

5章　保護者対応と"ほうれんそう"

ないか、あるいはすでに講師が話したことと被っていないか、自分だけが
理解していないのではないか……など、いろいろ考えてしまい、手を挙げ
られない経験は誰しもあるのではないでしょうか。

　保護者への質問の場面を考えてみましょう。相手が話した言葉を拾って
質問するのは一つの案としてよいと思います。「うちの子は乱暴なんです
よ」と保護者が言えば、「今、乱暴っておっしゃいましたが、どんなふう
に乱暴なのですか？」など、相手が発した言葉を拾いながら話を続けるよ
うにするということです。

　相手の言い分をよく聞く、まくし立てない、さえぎらない、しかし否定
しなければならない点は否定する、表情や声のトーンは穏やかに、身振り
手振りの言外から思いを読み取る、といったことも大事です。

　子どもや保護者への説明や説得には、高度のコミュニケーション能力が
求められます。コミュニケーションのキホンは、質問することです。

　もちろんそれは、問い詰めるような質問ではなく、穏やかで相手に関心
を示しながらする質問のことです。相手を尊重して適切に自らの意思を伝
えるアサーションとも重なります。

（3）自分が保護者からどう見えるかを意識する

　自分を俯瞰し、自分の備えている権威を自覚することが、教員として大
事です。学校は、あるいは教員は自分では気づかなくても権威を持ってい
ますから（片山 2024）。

　教員は、子どもの成績を評価しますし、細かいことで言えば誰をどの席
にするか、誰を指名し、発言権を与えるか、発表会で誰をどの役にするか、

103

部活を担当していれば誰をレギュラーにするか、などいろいろな決定権を持っています。ですから、そうした立場にあることを自覚した上で、保護者に対応しなければ、保護者からすると教員が上から目線で言っているように感じ、最初からすれ違いが生じます。

　時に自分の表情に無頓着で、保護者をイラつかせる方もいます。当たり前のことですが、謝罪の場面なのに、軽く見えるような表情で対応すれば、保護者は怒るでしょうし、「信用できない」といった印象を持たれてしまうでしょう。

　謝っている場面では、実際にはすまないといった謝罪の気持ちで先生方は接しています。ただ、謝罪しているように保護者から見えるかどうかです。気持ちだけでなく自分が保護者からどう見えるかを意識することは、自分が想像するより大事なことだと覚えておきましょう。

　仮に、表情に無頓着であったとしても、友達やよく知った仲間内では寛容に許してもらえますが、保護者には通用しません。教員が醸し出す表情は、保護者との信頼関係に大きく響きます。

　謝罪の場面に限らず、自分がその場で保護者からどう見られているのかを意識することは、とても大事なことです。

5章　保護者対応と"ほうれんそう"

12 それでもだめなときは通りすぎる

　それでも保護者とうまくいかなかったり、本当に保護者がモンスターであったりすることも実際にはあるでしょう。自分なりに誠意を持って対応したとしても、どうしても通じないことが現実にあります。その場合は、自分を守るためにも、無理をせずに人に任せるなどして一定の関わり以上のことはしないほうがよいと考えます。

　ドイツの哲学者ニーチェ（Friedrich Wilhelm Nietzsche 1844-1900）の『ツァラトゥストラ』の第三部「通過」の中に、次のような言葉があります。

> **人は、愛することができない場合には、**
> **そこを──通り過ぎるべきなのだ**（手塚訳 2018）

　ニーチェの哲学には、一人のボロボロになった人間がなんとか生きようとする物語があると言いますが（石川 2010）、彼の言葉にはわれわれも励まされます。なかなか人間関係を築くことが難しく、自分の人生を呪い、挫折を繰り返したニーチェの言葉だからかもしれません。誠意を尽くしたとしても無理な相手にはぶつかって戦うのではなく、敢えて穏やかな顔で通りすぎればよいということでしょう。

　保護者対応に転用すれば、精一杯伝えても理解してもらえず、これ以上自分では対応できないという場合は、周りの教員にそのことを伝え、同僚に任せてもよいということです。周りにはその保護者の対応をうまくやっ

105

てくれる教員もきっといるはずです。一人ひとりがそれぞれに力を発揮することがチーム学校のキホンですから、周りの人を頼ることに躊躇する必要などありません。代わりに、自分が得意とする部分、あるいは自分がやれることで貢献すればそれでよいのではないでしょうか。

〈引用・参考文献〉
- 石川輝吉（2010）『ニーチェはこう考えた』ちくまプリマー新書
- 市川須美子（2007）『学校教育法裁判と教育法』三省堂、pp.220-223
- 片山紀子（2024）『五訂版 入門生徒指導 「生徒指導提要（改訂版）」を踏まえて』学事出版
- 片山紀子編著（2024）『生徒指導の聴き取り方 場面設定から質問技法まで』学事出版
- 周防美智子・片山紀子編著（2023）『生徒指導の記録の取り方 個人メモから公的記録まで』学事出版
- ニーチェ著、手塚富雄訳（2018）『ツァラトゥストラ』中央公論新社

6章

管理職や教務主任・
生徒指導部長（主事）・
学年主任の
"ほうれんそう"対応

1 チーム学校は"ほうれんそう"を 意識することから始まる

「若い先生が"ほうれんそう"をしてこない」「あの先生は"ほうれんそう"できない」などと、年下の教員を勝手に判断してしまう管理職やベテランの先生がいて、気になることがあります。

管理職や学年主任からすると、"ほうれんそう"してこない先生に対してイライラすることもあるでしょう。しかしながらもし、「欠席が2日続いたら学年主任に報告してくださいね。登校しぶりかもしれないし、いじめがあったなども考えられますから」と事前に伝えていなければ、あるいは"ほうれんそう"の意味や手順が伝えられていないとすれば、その先生が"ほうれんそう"をしてこないのは当たり前のことかもしれません。

若い先生から聞く不満に、「先に言っておいてくれたらやってたのに……」というものがよくあります。「前もって言っておいてくれたらそのときに伝えることができたのに、あとで言われるとなんだかモヤモヤする」ということのようです。

現場に長くいる先生にとっては、常識であって当たり前に行っていることも、若い先生にとっては新たなことであって、知らないことかもしれません。新採の先生であれば、学生時代にきちんと"ほうれんそう"をしたことがない方もいます。

"ほうれんそう"ってなに？ "ほうれんそう"って言葉は知ってるけど、具体的にどうすること？ 「誰に"ほうれんそう"するの？ どのくらいのレベルの話を"ほうれんそう"するの？ ……などなど、ハテナ（？）だ

108

6章　管理職や教務主任・生徒指導部長（主事）・学年主任の"ほうれんそう"対応

らけです。

　悪気があるわけではなく、よく知らないのです。知らなければ、知っている者、あるいは必要だと考えている立場の者が教えればよいということです。

　ある新人の先生は次のように伝えてくれました。

> 　自分の担任するクラスで指導した内容を、放課後に学年主任の先生に報告したとき、「学年の方針と違う」と言われて驚きました。その方針は、6月になって初めて聞いた方針でした。同じ学年になって、2カ月も経ったときでした。
> 　学年主任の言っている方針は、わからないではない内容でした。でも、「先に言ってくれたらいいのに……」と思ってしまいました。

　経験が少なく、まだまだ視野が狭いのかもしれませんが、新人は新人なりに頑張っています。それを支えるのがベテランの仕事です。逆に、ベテランから"ほうれんそう"してもらえないことが積み重なると、新人は徐々に疲弊していきます。

　別の新人は次のような経験をしたそうです。

> 　私の初めての勤務校は小さなことも保護者に電話しないといけないとのことでした。私がやらかしてしまったのは、子どもがけがをしたのに連絡をしなかったことです。なぜかというと、けがと言っても大きなけがではなく、瘡蓋がとれた擦り傷だったからです。保護者も元々瘡蓋であったことは知っていたようなのですが、再度けがをしたことについて連絡がなかったと電話がありました。大切な子どもを預かっている分、きちんと連絡する必要があったと感じては

いますが、いったいどこまで"ほうれんそう"したらいいのかな？
と疑問に感じました。それ以降はどんなに小さなことも連絡してい
ますが……。

　新人は、どこまでの"ほうれんそう"が求められているのかわかりませ
ん。学校によっても、あるいは学校段階によっても、それは異なります。

　新人については、"ほうれんそう"したということでいったん職責を全
うしたとみなしてよいかもしれません。２年目以降の先生からしたら「甘
い！」ということになるでしょうが、それほど新人にとって"ほうれんそ
う"することは、ハードルが高いことだからです。

　安易に若い先生や転勤してきたばかりの先生に対して、「仕事ができな
い」と判断するのはやめましょう。前もって説明するのが、管理職や教務
主任、生徒指導部長（主事）、学年主任の仕事です。相手を責めるのでは
なく、前もって伝えることが、上に立つ人には求められます。

　もちろん前もってと言われても、起き得る事案はそれぞれ微妙に違いま
すから、厳密には示せないということもあるでしょう。その場合は、「何
かあったら、一報をくれるだけでいいです。大事なことかどうかはこちら
で判断しますから」と伝えておくとよいです。チーム学校は、まずは管理
職や学年主任等が"ほうれんそう"を意識することから始まります。

　そこには、116ページで後述するように、教職員に心理的安全性（エド
モドソン2021）の保障が不可欠です。

6章　管理職や教務主任・生徒指導部長（主事）・学年主任の"ほうれんそう"対応

2 "ほうれんそう"の欠如は、学校の不祥事につながる

　不祥事は、どの組織であったとしても、どの学校であっても一定程度は起きます。いや、起きるものだと考えておいたほうがよいです。ただ、組織内の環境を整備し、体制を整えることによって減らせるはずです。

　以下は、マキャベリの『君主論』（池田訳、2002）に記された一文です。

凪の日には時化のことなど想ってもみないのは人間共通の弱点

　君主への戒めですが、学校で言えば管理職や教務主任、生徒指導部長（主事）、学年主任といったリーダーへの警告に置き換えられるかもしれません。常に現状を分析し、それに即した積極的な手を打たなければ、ある日気づいたら校内で大きな事件が起きていた、そしてたちまち記者が学校に押し寄せて来た、学校は世間から非難を浴びさらに炎上した、なんていうことが現実に起きてしまいます。

　では、具体的にはどうしたら不祥事を防げるのでしょうか？ 個人の責任を一定程度明確にしながら、"ほうれんそう"の体制を学校として整えることです。組織内で"ほうれんそう"のやり方を示していなかったり、引き継ぎがなかったりすれば、情報が滞ってリスクが増します。ましてや、"ほうれんそう"を受けたのに、上にいる立場の者が対応しないなど、論外です。

　以下で、"ほうれんそう"を促す具体策について示します。

3 "ほうれんそう" の仕方を教える

(1) "ほうれんそう" の切り出し方を伝える

「報告したいことがあるのですが、今、お時間よろしいでしょうか?」
「ご相談させていただきたいことがあるのですが、今、お時間大丈夫でしょうか? 学年主任や管理職など相手の都合を聞く必要がありますから、こうしたひとことを入れてから、"ほうれんそう" の具体的な内容に入るのは、ベテランにとっては当たり前のことですが、いつ "ほうれんそう" すれば適切なのかを迷う新人は少なくありません。

実際には "ほうれんそう" されても、「今は対応が忙しい」というときもあります。そのときは、「うちのクラスの田中さんの件です」とだけ伝え、「ご都合の良い時間に声をかけてください。職員室で仕事をしていますので」と伝えるか、あるいは、「いつでしたらお時間大丈夫でしょうか?」と聞くとよいことも教えたほうがよいかもしれません。

漠然と「ちょっとよろしいですか?」と切り出すことは、誰しもよくあることですが、聞いているほうはもちろん、話しているほうも漠然とした中で、気づかないうちにダラダラと別の話になってしまうことがあります。切り出しにくい "ほうれんそう" であればあるほど、躊躇する時間も長くなります。

むしろ、「今、お時間よろしいでしょうか? ○○の件でお話があります」といった切り出し方をすると、ブレずに本丸に突入できるように思います。

112

6章 管理職や教務主任・生徒指導部長（主事）・学年主任の"ほうれんそう"対応

（2）実演し、見えるように示しながら、"ほうれんそう"を促す

　若い教員に対して、「子どもや保護者のことで気になることがあったら、なんでも言ってきてくださいね。困ったなと感じたときは、遠慮はいりませんから」といくら伝えても、なかなか伝えてくれないことがあります。

　先生になったばかりの方は、生徒指導事案に不慣れで、本や研修で学んだとはいえ、「こんなことが自分に降りかかるとは、思ってもいなかった」というのが本音で、日々戸惑うことばかりです。

　先生になるまでにいくら事例検討などして学んでいたとしても、過去の事案は他人事であって、心の奥底では自分に起きるとは思ってもいないのです。

　ですから、単に「ほうれんそうしなさい」と、上から指示するだけではダメです。"ほうれんそう"することに慣れていませんから、何を、あるいはどの程度のことを"ほうれんそう"したらよいのかが、さっぱりわからないのです。

　「簡単でいいから報告してください」と伝えても、もしかしたら新人には通用しないかもしれません。「簡単」の意味合いが、今ひとつわからないからです。

　また、経験のある管理職には簡単だと思えることも、新人教員にとっては「これでいいのかな？」と、悩んでしまうこともあり、どうしたらよいのか長い時間悩む新人もいます。「具体的に教えていただけたらなぁ」と思う新人は少なくありません。

　なかなか難しいのですが、わからないようであれば実演して示すのが手っ取り早いです。例えば、ベテラン教員が"ほうれんそう"の見本を示し、

113

こうやって"ほうれんそう"するとよいと、見せるのはとても有効です。

　保護者から、子どものことが心配だという連絡帳での記載があったり、電話があったりして、若手教員がどうしたらよいかわからないような様子を察知した場合は、電話の前に少し練習の時間を設けたり、電話を横で聞いていて振り返りの時間を少し取ってあげたりすることもよいでしょう。

　家庭訪問であれば、同伴して対応する先輩の姿を見せるのもよいです。いずれにしても、慣れない先生にとっては、今までやったことがないわけですから、「一緒にやってみる」が一番よいです（片山・森口 2017）。

　そうした実演は1回だけでなく、何回か繰り返すとよいです。残念ながら1回だけではなかなかできませんし、そもそも苦手な人が安心して"ほうれんそう"するところまでいきません。繰り返して実演し、そのうちそっとフェードアウトしていきましょう。

　もし、教員から"ほうれんそう"があれば、「伝えてくれて助かった！」と報告してくれたことへの感謝を言葉にして伝えます。"ほうれんそう"があることで、事態が大きくなることを防げますから、先輩教員や管理職にとっても助かるはずです。感謝は言葉にして、さらには声に出してはっきり伝えるべきです。

　たとえ、よくない事案の報告であっても、伝えた本人はそれこそ勇気を出して、それ以上の危機を回避しようと伝えにきてくれているわけですから、そのことに感謝し、真摯に対応しましょう。

（3）"ほうれんそう"を受けたら、上はサクサク対応する

　若い先生方の中には、「学年主任や管理職に"ほうれんそう"しても無

6章 管理職や教務主任・生徒指導部長（主事）・学年主任の"ほうれんそう"対応

駄だと思う」と言う方がいます。そう言う方は少ない数ではありません。「主任や生徒指導部長（主事）・管理職は、"ほうれんそう"を受けても動かない」と言うのです。

　主任や生徒指導部長（主事）・管理職が、どこと連携するのかなどわかっておらず、結局"ほうれんそう"しても、その先の仕事をしてくれないそうです。

　「この先、大事になってしまうと自分の立場が不利になる」と考える校長も、動きません。上の者が、リスクマネジメントできないのです。方針を示すことも、具体案を出すこともできないし、しないのです。上がそうであれば、生徒指導事案はもうどうにもなりません。残念なことに、マスコミに出てくるような事件には、そうしたケースが少なくありません。

　若手から上に対する不満は、「"ほうれんそう"しても誰も動かない。"ほうれんそう"しても無駄だ！」というものです。こうしたことが重なると"ほうれんそう"が一層疎かになり、そのうち事が大きくなります。

　せっかく下から"ほうれんそう"があったのであれば、管理職や教務主任、生徒指導部長（主事）は、動かなくてはなりません。必要があれば、警察なり児童相談所なりと連携します。そのつなぎ方すらわからなければ、自ら人にたずねるなり、本を読むなり、勉強会に出向くなりして知識を備えましょう。上に立つ者がその勇気を持つことこそが、危機を最小限にとどめます。

　管理職や教務主任、生徒指導部長（主事）、学年主任が、下からの"ほうれんそう"に対応しないようでは、本書を執筆した意味はありません。

115

（4）管理職や教務主任、生徒指導部長（主事）、学年主任は心理的安全性を保障する

特に若い先生方は不安が強く、保護者からクレームがこないように、他の先生方から指摘されないように、管理職から注意されないようになどなど……、必死に日々を過ごしているように思います。SNS等での批判に敏感で、他者からの評価に晒されてきた世代ですから、「失敗しないように」と、若い先生なりに躍起になっています。

そんな状況ですから、自分を守ろうとしても不思議ではありません。"ほうれんそう"するには、心理的安全性があることが必須ですが、心理的安全性は当たり前にあるものではありません。

過去の生徒指導事案を振り返ると、残念ながら心理的に安全でなかったことがうかがえます。心理的安全性のないところでは、誰も"ほうれんそう"などしてきません。「同僚や管理職に連絡すると、ことが大きくなる。できるだけひっそりとすませたい」と考えるのです。でもこれは間違いで、逆に「ほうれんそうしないことで、ことは大きくなる」のです。

ある若い先生は、子ども同士のトラブルで保護者からクレームを受けたので、管理職に"ほうれんそう"したところ、厳しく叱られてしまい、それ以降、下記のように"ほうれんそう"が極端に怖くなったと言います。

> 少し前のことです。自分でもまずかったと自覚したので"ほうれんそう"したのですが、「どうしてくれるの?!」と強い調子で教頭に言われたのがトラウマで、「また叱られるのではないか」と体が緊張で固まってしまいます。今も、ほうれんそうしようかどうか迷って時間がかかります。まだ"ほうれんそう"しなくてもいいんじゃ

ないかなと先送りしてしまう自分がいるのです。よくないとは思っているのですが……。（匿名）

　誰しも自分の失敗やまずいことは隠したいものです。それを報告することは勇気のいることです。"ほうれんそう"すると、「相手の大事な時間を取ってしまう」「管理職に迷惑がかかる」「みんな忙しそうだ」と考え、遠慮しながら仕事をしている若手もいます。

　管理職や教務主任、生徒指導部長（主事）、学年主任の仕事は、教員間の心理的安全性が保てるような職場にすることです。職場にいる誰もが、自分の失敗が晒せないようでは"ほうれんそう"はできません。

　別のある先生は、トラブルがあったときに管理職に報告したそうですが、報告したにもかかわらず「報告してない、聞いてない」と言われ、怒られたそうです。「報告してない、聞いてない」という人物が、管理職であるため、他の先生方も管理職の言っていることに同調して、その結果、孤立してしまったそうです。そうなると、もはや人間不信しかありません。

　職員室を眺めてみましょう。安心して"ほうれんそう"できる空間になっていますか？　失敗を含めて、教職員が自発的に言いに来てくれますか？

（5）相手の力量を見極める

　若い先生と一口に言っても、力量はそれぞれ違います。相手が今、どのような力を備えているのかを見極めることが重要です。"ほうれんそう"してきた本人が今後どうしたいのかを聴き、その先生の持っている解を引き出すのが一番良いのですが、中には自分の中に解がない人もいます。

新採に限らず、必ずしも教員の力量が同程度というわけではありません。人によるということです。"ほうれんそう"についても、相手の力量を見極め、この新人教員が"ほうれんそう"してきたらアドバイス的な支援のほうがよい、別の新人教員については一定程度力があるからコーチング的な関わりのほうがよいなどと、相手によって対応を変える必要があります。

　中には力量の備わっていない新人で、しかも"ほうれんそう"も何も全くしてこない方もいますから、そうした場合、雑談をしてそこから引き出すなどそれぞれ相手を見極めた上で対応することが必要です。

　若い先生だからと言って、みな同じように一括りにして対応していると、若い先生は声に出しては言いませんが、モヤモヤしています。「なんだかなぁ、先輩に相談しても自分が望んでいることと違う。時間のむだだから、もう"ほうれんそう"するのはやめよう」と諦めてしまうのです。

　相手の力量を見極める力が、特に管理職や教務主任、生徒指導部長（主事）、学年主任には必要です。

（6）相手がやりやすい"ほうれんそう"の仕方を確認する

　中には、"ほうれんそう"のやり方はこちらが示したものではなく、別のやり方のほうがやりやすいという教職員もいます。すぐに"ほうれんそう"しないと記憶が飛んでしまうため、こちらが忙しくてもお構いなしに飛んで報告に来られる方とか、口頭ではなくてメールのほうが時間のむだが生じないからよいと言う方とか……。そんな方がいれば可能な限り受け入れます。"ほうれんそう"がない状態より、あるほうが組織にとっても

6章　管理職や教務主任・生徒指導部長（主事）・学年主任の"ほうれんそう"対応

ありがたいわけですから。

　人にはそれぞれ特性があって「自分はこのやり方にしてもらえると、もっとスムーズにできるし、やりやすいんだけど……」「パソコンでの入力が苦手で、口頭ではダメかしら……」「生徒指導部長（主事）の先生は苦手で、隣の先生になら言えるんだけど……」というようなことがないとも限りません。

　構成員全体に"ほうれんそう"を依頼する場合も、そのやり方でやりやすいか、改善点はないかなど、確認しながら進めるとよいでしょう。双方の合意のもとに進めると、教職員に当事者意識が出ますし、責任感を持ってやってくれます。

　子どもが多様であると同時に、教職員も多様です。"ほうれんそう"が、何らかの理由で苦手な人がいるという点にまで配慮できると、"ほうれんそう"の漏れが減らせます。もし、"ほうれんそう"が滞る方がいるとしたら、「どんなやり方だったらやりやすいですか？」と相手に聞いてみましょう。

（7）引き継ぎのやり方を示す

　子どもに関する記録は簡潔に残して引き継ぎます。教員の負担を考えると、通知表等に記した文章を転記するのも一案です。ただし、特性のある子どもなどについてはそれでは不十分です。効果的な支援の仕方などできるだけ詳しく記して、次の担当者に引き継ぐようにします。

　通常は３月末か４月初めの時期が引き継ぎの時期です。この時期に可能であれば旧と新の担任で記録を見ながら直接伝えるとよいです。旧担任が

119

転勤等でそれが難しい場合は、少なくとも紙媒体か電子データ媒体で残すようにします。

　引き継ぎが上手に行われないと、子どもとの関係がスタートからうまくいきません。学級には、必ず特性のある子どもがいます。例えば、食べることに強迫観念を持っており、給食の際に「残さず食べようね」と軽く声をかけると、パニックになる子どもがいる……などです。

　新担任が、事前にそのことを知らされていれば、その子に声かけはしないでしょう。しかし、知らなければ、「もうちょっと食べようね」などと声かけしてしまい、新担任とは最初の段階から険悪な関係になります。

　事前に情報を得ているかいないかで、対応がまったく違ってきます。それに付随してその子の保護者との関係もこじれます。

　しかも、そうした子どもが教室に数人いれば、どうなるか想像に難くないと思います。何の情報も得ないまま引き継ぎ、子どもを担当することは恐ろしいことです。

　学校としてどう引き継ぎを行うのかを、管理職や学年主任は確認し、指示しましょう。引き継ぎは、子どもや保護者の安心・安全だけでなく、教職員全体の安心・安全に直結します。

6章　管理職や教務主任・生徒指導部長（主事）・学年主任の"ほうれんそう"対応

 学年主任や生徒指導部長（主事）・管理職は、アドバイスしすぎ？

　若手が勇気を出して相談してきたとき、自分だったらこうすると……アドバイスばかりしていませんか？　校長も教頭も教務主任も一緒になって過剰にアドバイスしていませんか？

　管理職やベテランの先生が、よかれと思ってあれこれアドバイスしてしまうと、若手が納得していないことがありますし、情報量が多すぎて混乱し、動けなくなる教員もいるので要注意です。

　以下は若手の意見です。

> 💬 自分の考えばかりを押し付けて言ってくるのではなく、僕が行おうとする考えや意図もわかってほしい。
>
> 💬 自分たちが今の仕事の初心者だったときに、どう言われたらわかりやすいかを考えればわかると思う。
>
> 💬 先輩から言われていることはなんとなくはわかるが、自分の中で落ちない。実際、先輩から受けたアドバイス通りしたけど、保護者からなおいっそう叱られた。振り返れば自分に落ちていないのだから保護者を納得させることなどできるはずがない。
>
> 💬 先輩のみなさんがいろいろ教えてくださることはありがたいが、何人もの方がアドバイスしてくださって、そのアドバイスがみんなバラバラで、結局どうしたらよいのかわからなくなる。

121

価値観、考え方、感じ方など、世代間のギャップが大きくなっている現代社会においては、以前のトップダウン式の指示、アドバイス、命令など一方的な関わり方だけでは機能しなくなっています。一つの手法として、コーチングを意識するのも有効です（片山・原田 2017）。

　若手の用いる曖昧な言葉を丁寧に聞いて、まずは整理してあげる必要があります。本人がその問題に対してどう対応したいと考えているのかについては敢えて聞いてみるなどして確認するとよいでしょう。

　相手の状態にもよりますが、頭がこんがらがってしまって、どうしたらよいかわからなくなっているので、整理してあげることが大事です。本人が考えていることは大事にし、本人の考えを整理してあげてください。

　こうしたほうがよいと思っていくら上からアドバイスしても、本人が納得していなければ、そのことが若手教員の顔に、あるいは態度に現れてしまい、さらに問題が拗れてしまいます。

　少なくとも管理職に相談に来たのであれば、そこは認めて話を聴き、最後に「やってみて、また反応を教えに来てくださいね。いつでも待っています」と、相談が継続するようにつなぎましょう。

　自分で決めたことを実行してもらうためには、単にアドバイスしていてはダメです。本人が持っている解をうまく引き出すように聴き、本人ができるようなアドバイスに努めることが、上に立つ者には求められます。

6章　管理職や教務主任・生徒指導部長（主事）・学年主任の"ほうれんそう"対応

5 ただし、細かなことまで "ほうれんそう" させるのは厳禁

　ただし、細かなことまで"ほうれんそう"することを求めすぎてはいけません。個々の教員からしたら、すべてを報告しなければならないとなると、全部上から支配されていると感じて息苦しくなります。

　一例を示します。ある若手の小学校教員は、管理職から「今日は子どもと遊びましたか？　報告してくださいね」と言われたと言います。最近の若手教員が、子どもと遊ばない傾向にあることを心配しての管理職の言葉だと思いますし、子どもと遊んだほうが授業もやりやすくなることは、小学校教員であれば誰でもわかっていますから、そのように指示したのだと思います。

　しかし、遊んだかどうかの細かな報告を求められるということになると、ちょっと違います。保護者に電話をかけなくてはならないことが出てきたり、気にかかる子どもへの対応をしなければならなかったりして、子どもと遊べない日もありますし、外には出られないこともあります。

　遊んだかどうかを報告するとなると、そうした事情はすっ飛ばされて、遊んだかどうかの結果だけが報告の対象になります。さらには、そのことが管理職から評価されているような気持ちに新人はなります。管理職が良かれと思って促した"ほうれんそう"も、若手教員に圧迫感を与えてしまうのです。

　本書ではそのような細かな"ほうれんそう"や的外れな"ほうれんそう"を促してはいません。そうした"ほうれんそう"を求めることは、職場環

境としてハラスメントに該当する可能性すらあり、好ましくありません。

　学校環境がそれぞれ異なりますから、全国一律のやり方を提示することはできませんが、その学校に合った息苦しくならない"ほうれんそう"のやり方を、本書で示したポイントを押さえながら模索してみましょう。

〈引用・参考文献〉
・エイミー・C・エドモンドソン著、村瀬俊朗著、野津智子翻訳（2021）『恐れのない組織─「心理的安全性」が学習・イノベーション・成長をもたらす』英治出版
・片山紀子編著、原田かおる（2017）『知ってるつもりのコーチング』学事出版
・片山紀子・森口光輔（2017）『やってるつもりのチーム学校』学事出版
・片山紀子・太田肇・森口光輔（2021）『職員室の承認をつくる科学』ジダイ社
・片山紀子・若松俊介編著（2021）『うまくいかないから考える─若手教師成長のヒント』ジダイ社
・片山紀子（2024）『五訂版 入門生徒指導 「生徒指導提要（改訂版）」を踏まえて』学事出版
・片山紀子編著（2024）『生徒指導の聴き取り方 場面設定から質問技法まで』学事出版
・ニッコロ・マキャベリ著、池田廉訳（2002：改版）『新訳 君主論』中公文庫
・八尾坂修・片山紀子・原田かおる（2016）『教師のためのコーチング術』ぎょうせい

7
章

情報の収集は
"ほうれんそう" だけを
待ってはいけない

生徒指導で大切なことは情報を得ることができているかどうかです。だからこそ"ほうれんそう"が重要なのですが、とはいえ"ほうれんそう"を待っているだけではいけません。すでに何度も述べてきたように多くの「いじめ自死事案」で、「管理職（または学年主任など）には報告されていなかった」と指摘されています。これは"ほうれんそう"する側の問題を指摘したのですが、もう一つの問題があります。それは"ほうれんそう"される側の問題です。

　"ほうれんそう"される側が"ほうれんそう"したくなるようなシステムや環境を整えていたかどうかです。筆者自身の経験でも、校長が週の大半は会合、研究会などの出張で留守をしている、生徒指導は学年や生徒指導部長（主事）に任せっきり、"ほうれんそう"してもほとんど指導・助言らしいものもない、などという管理職が少なからずいました。これでは"ほうれんそう"する意欲などわきません。夜遅くまで生徒指導で保護者と会合を開いていても、その進捗状況を心配することもなく勤務時間が終了すると退勤してしまう管理職もいました。

　"ほうれんそう"しないのが悪いという受動的姿勢ではなく、したくなるようなシステムや環境を整え、能動的姿勢を示す責任があるのです。

　同様の責任が問われるのは、管理職だけでなく学年主任・学年生徒指導係・生徒指導部長（主事）も同じです。例えば、生徒指導は各担任に任せっきりでほとんど積極的に関わらない学年主任には、"ほうれんそう"する先生はいなくなります。

　本章では"ほうれんそう"される側の問題点にふれながら、したくなるようなシステムや環境、能動的姿勢について述べます。

126

7章　情報の収集は "ほうれんそう" だけを待ってはいけない

1 どんな情報にも対応する 姿勢があるか

　例えば、管理職や学年主任に「その程度の問題はいちいち "ほうれんそう" の必要はない」などという姿勢が見られると "ほうれんそう" する側は取捨選択してしまい、やがて重要な情報が "ほうれんそう" されなくなります。重要な情報かの判断はとても難しく、対応（事実確認や聴き取りなど）してみないとわからないことが多いのです。重大事態などというのは始めから誰がみても重大と判断できるものは少なく、軽微なことが重なって重大事態に発展してしまうことは、多くの「いじめ自死事案」が示しています。

　もちろん、学校生活で起きる様々な問題には、管理職や学年主任に "ほうれんそう" する必要もないような軽微で些細な問題も多くあります。しかし、若い教師にはなかなか軽微かどうかの判断が難しいですから、管理職や学年主任にはどんな情報にも対応する姿勢が求められます。"ほうれんそう" する必要があるかどうかは、経験を積む中で誰もが妥当な判断ができるようになるものです。

　最も避けなければいけないのは、管理職や学年主任・生徒指導部長（主事）などが軽微なことへの対応を面倒がったり怠ったりしていると、重大な問題を見逃してしまうことです。

　"ほうれんそう" する側だけでなく、される側にも問題があるのです。

　では、どんな姿勢であればよいのでしょうか。

127

❶どんな情報も聞き流すのではなくメモを取り聴く

　管理職・学年主任・学年生徒指導係・生徒指導部長（主事）は担任から"ほうれんそう"されたら、聞き流してはいけません。筆者は必ずメモを取りながら聞きました。後で確かめることもできます。メモを取って聞けば「情報に価値があったのかも」と思ってもらえます。

　実際、後になって価値があることがわかることもあるのですから。

❷真剣に聴く

　廊下などの立ち話で聞くのはいけません。少なくとも、職員室の机でメモを取りながら聴きます。真剣さを伝えるためです。

❸後で確かめる

　何日か後には「どうなりましたか？」と確かめることも必要です。そうすることによって"ほうれんそう"した側も、軽微なことだったかどうかの判断力もついてくるでしょう。

　以上のことは担任と生徒の関係でもいえることです。もし、子どもが担任に何かを訴えてきたら、あなたは何と言いますか。

　よく聴きもせずに「大したことないと思うよ」とか、「よくあることだから気にするんじゃない」などと言ったら、子どもは担任に不信感を持つでしょう。「大したことないかもしれないが、またあったらそうしたことはなくしたいので、すぐに教えてください」などと言うべきです。そして二度目があったら迷わず対応することです。

　このような担任なら「あの先生なら、何とかしてくれるかも」と生徒は信頼し、情報はよく集まるようになります。

7章　情報の収集は "ほうれんそう" だけを待ってはいけない

2　"ほうれんそう" してよかった という経験をさせているか

　"ほうれんそう" しても何の "見返り" もないなら、"ほうれんそう" する気はおきません。見返りとは "ほうれんそう" したおかげで、こんな助言をもらえた、こんな援助をしてもらい得をしたということです。このような経験をしたことのない先生は、積極的にはなれません。

　例えば "ほうれんそう" した結果、「とても憂鬱だった家庭訪問に学年主任が同行してくれてとても助かった」などという体験はありませんか。若いときには自分よりはるかに年上の保護者で、しかも学校に批判的だとなると誰もが身構えてしまいます。そういうときに、このような援助があれば "ほうれんそう" してよかったと思うはずです。

　また、授業中に騒ぐ生徒のことを学年生徒指導係の先生に "ほうれんそう" したら、「他の教科はどうなのか、調べよう」と助言され、一緒に調べた結果、原因は近くの座席の子たちに理由があったことがわかりました。そして今後は全教科の先生たちにも "ほうれんそう" するように頼んだそうです。

　このような経験をすると "ほうれんそう" した先生も成長し、"ほうれんそう" しやすくなります。またその結果学年の生徒指導も前進します。

　"ほうれんそう" された情報を聞き流したり、「様子を見ましょう」と単に先送りしたりするのではなく、具体的な助言や援助がないと "ほうれんそう" はされなくなります。

129

3 "ほうれんそう" しやすい システムがあるか

　"ほうれんそう"はする側とされる側の努力だけでは定着しません。システムをつくることです。報告すべき内容があってもなくても"ほうれんそう"する時間が設けられている、これがシステムの第一段階です。

　最近は「働き方改革」「授業時間の確保」「会議の簡素化」などといろいろな理由で、結果として「朝の職員打合せ」などが廃止されたり最低限の連絡のみで、生徒指導報告は廃止されるケースがあります。

　関東のある都市での話です。廃止して代わりに「文書報告」となったそうですが、その文書が回ってくるのは何日も経ってからで、しかも文字ですからリアルに伝わりません。読まない先生もいました。1年もたたずに学年は崩壊したそうです。また別の町では打合せを廃止して連絡事項などは、すべて各個人のパソコンに朝送っておくことになったそうです。朝出勤したらまずパソコンを開き確認するというシステムで、一見、合理的に見えますが疑問があっても確かめることもできず、とりわけ生徒指導は後手後手になり、1年少しでパソコン方式はやめて朝の打合せに戻したそうです。

❶もっとも適切なのは朝の時間

　もし勤務時間にゆとりがあるなら、その日にあったことはその日のうちに打合せをして"ほうれんそう"できるのがよいのですが、現状は不可能ですから、せめて翌日の朝には学年職員（または全職員）に"ほうれんそう"

7章　情報の収集は"ほうれんそう"だけを待ってはいけない

できるのがベストです。これは最優先すべきことだと私は思います。

　もし学校が荒れれば、安心・安全な環境は保てません。どんなりっぱな学校目標も実現は不可能です。関西のある小学校では道徳教育の研究指定校として2年間も継続して熱心に取り組んでいましたが、その研究に費やしたエネルギーは膨大で、その間に「いじめ」は頻繁に発生し学級も荒れました。保護者からは「忙しくていじめにまともに対応もできない学校では、どんなりっぱな研究をしても意味がない」と批判が噴出し、3年計画の研究指定校をやめたそうです。

　"ほうれんそう"を軽視すると生徒指導の土台が揺るぎかねないことを関係者は知るべきではないでしょうか。

❷学年職員の打合せは必ずその日のうちに

　もちろん"ほうれんそう"すべきことが起きたらですが、余程のことがない限りその日のうちに打合せをすべきです。これを延ばしていると、事態はさらに悪くなったときにはすでに遅かったということになりますから、会合を開くことを原則にし、開かずに延期するのは例外とします。

　ただし、打合せには担任・学年主任・学年生徒指導係、内容によっては生徒指導部長（主事）が必ず参加し、具体的な原案を出すことです。ただ集まって、「どうしようか」などという会合はしてはいけません。

❸週1回は担当者の打合せ時間を保証する

　担当者とは学校長・生徒指導部長（主事）・学年主任・学年生徒指導係の責任者の先生たちで計8名です。そのため意図的に時間割に組み込まなければ打合せは不可能です。

131

4 自ら集める労力を惜しまない

"ほうれんそう"を待つだけでなく、"ほうれんそう"される側の問題点を述べてきましたが、自らも集める努力をしないといけません。

例えば、何かトラブルがあったら「現場に駆けつける」のもその一つです。駆けつけては余計に興奮させるとか、人間関係のある教師が対応したほうがよい、などという理屈で、駆けつけることを躊躇してはいけません。そのトラブルの周辺にいた教師が察知したのであれば、一過性の軽微なものではないと思われますから、学年主任や学年生徒指導係は様子を見たり、報告を待つのではなく、その現場に駆けつけることです。

それには、生徒が興奮してより事態が悪化しても構わないという合意をしておくことです。その生徒は遠からず、問題行動をエスカレートさせるでしょうから、教師側の断固とした毅然たる姿勢は「壁」となっていきます。この壁をつくらない限り、安心・安全な学校はつくれません。

そのためには「現場に駆けつける」と、その生徒の様子や学年全体の雰囲気がわかります。誰でも行きたくない場面ですが、自ら集める努力こそが必要です。

筆者が現職の頃は、毎日、放課後は必ずトイレ・水飲み場・ベランダや外階段の様子を見て掃除もしました。学級や学校が荒れてくると、汚れてきたりゴミが投げ捨てられます。学校は荒れているが、校舎内はとてもきれいだという例外はありません。

8章

"ほうれんそう"の
事例検討

1 事　例

「深刻ないじめは、どの学校にも、どのクラスにも、どの子どもにも起こりうる」。これは、1996年1月の「文部大臣緊急アピール」の一節です。本章では、『どの学校でも起こりうる』いじめ事例を通して、管理職への"ほうれんそう"の重要性について考察します。ここで取り上げた事例は、筆者が実際に対応した問題をもとに創作した、全くの架空事例です。

中学1年生男子生徒Ａ男の母親から担任に電話連絡がありました。「三カ月前から、Ａ男のしゃべり方や怒ったときのモノマネがSNSにあげられていて、今だに続いている。同じクラスのＢ男を中心に3人ぐらいから『来たよ』『気持ち悪い』等、毎日しつこく、からかわれていて気持ちがいっぱいいっぱいになっている。さらに2週間前から、廊下で歩いているとき、Ｂ男にワザとぶつかられたり、冗談半分で肩を殴られたりして、アザがあることも確認した。Ａ男には『Ｂ男を無視していなさい。あなたが悪いことをしているわけではないから』と話をしているが、Ａ男のことが心配なので学校でも様子を見守ってください」という内容でした。このとき、担任は、この電話の件を学年の職員や、他の先生には伝えませんでした。

　その電話相談の1週間後、Ａ男の母親が突然来校しました。第一

8章 "ほうれんそう"の事例検討

声は「校長先生と話せますか？」でした。校長は出張中で不在だったため、すぐに学年主任と同じ学年職員が相談室で対応しました。「先週、担任の先生にいじめられていることを相談した。昨日、心配だったので本人に確認した。すると、『まだ続いていて、学校に行くのがつらい』と泣いて話した」とのことでした。さらに「どうして嫌がっているのに、そんなに執拗にＡ男に対して嫌がることをするのか、直接、Ｂ男から聞きたいから会わせてほしい。また今日は来ていないが、父親もかなり怒っている。先生、本人から直接話を聞かないことには納得できない」と話しました。対応した職員は「ひとまず、今すぐにＢ男を連れてきて話すことはできないので、学校でもＢ男や他の生徒も指導し、保護者にも伝えて、保護者同伴のもとＡ家とＢ家で会う場を設定しましょう」と説明したところ、母親は納得して帰宅しました。

校長は出張から急遽帰校し、保護者の訴えについて報告を受けるとともに、今後の方針の確認をしました。

その後、すぐに日頃からＡ男と一緒にいる周りの親しい生徒から状況確認し、Ｂ男を指導しました。Ｂ男は「モノマネは確かにずっとやっていた。嫌がっているとわかっていたが、嫌がるのが面白くてずっとやっていた。肩へのパンチはＡ男もやり返してきた。確かに『もう終わりにしよう』と言われてからもやり続けたのは事実。ただ親が出てくるならぶっ飛ばしに来いよ」と話した。虚勢を張っていたが、先生たちの「１対複数で、長期間嫌なことをされ続けると、『学校に来たくない』とか不安になる気持ちはわかるよな」と

135

いう問いかけには、頷き、徐々に自分の行動を理解するようになりました。また、一緒になってからかっていた生徒3名にも個別で事実を確認すると、A男の言っている通りでした。「相手が嫌がることをやり続けてしまったこと、それはいじめであること」を共通して指導しました。時間をかけて話し生徒も理解しました。一人の生徒は「謝ろうかな」とも言っていました。

放課後、B男の母親へ連絡しました。これまでの経緯と指導内容について説明し、B男ら本人もいじめの事実を認めていることを伝えました。そしてA男の保護者が、B男本人、保護者に会いたいと言っている旨を伝えたところ、B男の母親は納得し了承しました。

翌日午後7時から学校で、A男本人、両親、B男本人、両親、学校職員は、学年主任、担任、学校の生徒指導部長（主事）が参加して謝罪の場を設定しました。校長の謝罪の会参加については、職員と協議し、校長室待機としました。

A男父「けがさせるってどうなっているんですか。嫌なモノマネも3カ月以上もやられて、さすがに耐えられないですよね。今後、関わらないでほしい。SNSでいろいろやったり。保護者は知っていますか。まさか認めてないですよね。自分も子どもがいるので制御ができないのはわかりますが、そんなに制御できないですか」と激しく話した。さらに「そして先生たちも授業中に起こっているということで、見ていなかったんですか。その目は節穴かって言いた

8章 "ほうれんそう"の事例検討

いところですよ。30人もいれば見切れないのもわかりますが、それでも先生として生徒の前に立つことは、何のために偉そうに前に立っているんですか。学校が甘いと子どもたちはどんどんエスカレートしますよ、調子乗ってきますよ」と話した。

B男「授業中にちょっかいかけたり、そしてけがをさせてごめんなさい。あと嫌がるマネをして、嫌な気持ちにさせてすみませんでした。これからは嫌な思いはさせないようにします」と真剣に謝罪した。

学年主任「今後二度とないように指導しますし、何かあれば引き続き保護者と連携して指導していきます。この度は本当に申し訳ありませんでした」と謝罪をした。

A男父「今後は関わらないでほしい。本人が嫌がることは一切やめてくれ。次はないと思うけど、許さないからね。それに親もこうやって来てくれているんだよ。心配かけさせないようにしなさい」と続けた。

A男母「今後ないように、そしてそんなにしつこくしたり、人に迷惑をかけることは今日で終わりにしなさい。おうちの人を見ていて私もつらい」と伝えて、謝罪の会が終了しました。

謝罪の会終了後、校長室で校長がB男、B男両親と再度、今日の振り返りを行い、再度「人が嫌がることはしない」と約束して帰宅しました。その後、A男は安心して学校生活を送りました。B男本人も謝罪の会が開かれたことを真剣に受けとめ学校生活を送りました。

2 事例の振り返りから

（1）正常性バイアスについて

担任教諭と一緒にこの事例を再考しました。まず、保護者から第一報があったとき「なぜ学年の職員に報告しなかったのか？」についてです。

> ・悪気なく、じゃれ合っていると思った。クラスで日常的によく見かける光景だったので、小さいことだと思っていた。ここまで大きくなるとは思わなかった。
> ・この光景を、他の先生も見かけていて、何も言われなかったので、問題意識がなかった。
> ・保護者との関係も悪くなかったので、何かあればまた連絡をしてくれるだろうと考えていた。油断していたかもしれない。

この事例に限らず、冷静に考えれば、報告する必要があったと判断できたにもかかわらず、報告しないケースがあります。その原因の一つに「正常性バイアス」という心の働きがあります。正常性バイアスとは、「予期しない事態にあったとき、『そんなことはありえない』といった先入観や偏見を働かせて、『これは正常だ』『大したことではない』と思ってしまうこと」です。人は予想していなかったことが起きたとき、冷静さを保ちたいため、心を落ち着かせようとして、「大したことではない」「起きていることは、正常範囲内だ」と考えてしまう傾向があります。「正常性バイアス」という心の働きが、誰にでもあることを理解しておくべきです。

8章　"ほうれんそう"の事例検討

（2）情報を一人で抱えないためにはどうしたらよいか

　本事例では、正常性バイアスの働きもあり、担任教諭は保護者から電話があったことを職員間で共有しませんでした。

　正常性バイアスのワナに陥らないための対策を職員と考えました。

- ✓ 日頃から、最悪の状況を予測する。アンテナを常に立て、自分の意識を高めることを忘れない。
- ✓ 自分だけで「大丈夫」と思い込まないように、多くの職員から意見を言ってもらい、情報共有することを心掛ける。
- ✓ 最悪事態になった場合に備えて、職員でシミュレーションする。
- ✓ 日頃からメモを取ることを習慣化する。電話の内容、起きた事案を必ずメモして、学年の黒板、職員室の前の黒板など、所定の場所を決め、貼ることを職員で常に確認する。その際、字がきれい、汚い、はあまり気にしないことも確認する。
- ✓ 授業間の休み時間や空き時間の巡回時、廊下で職員同士が会ったとき、「黒板、見てください」とひとことでいいので、声をかけることを怠らない。
- ✓ 学校、学年の体制として、電話対応後、書き直すのは労力が必要になる。電話の横にポストイットなどの付箋を常に用意しておき、電話対応直後に貼ることを確認する。

　勤務校では、職員室中央に各学年ごとにホワイトボードがあります。事案が発生した場合や伝達事項がある場合、職員がすぐに書き込みをします。筆者もそこは常にチェックしています。走り回っている職員を呼び止

139

めるのではなく、管理職自ら確認することが大切です。どの職場でも、すぐに情報共有できるシステムが必要です。

　大切なことは、正常性バイアスが働き、今の自分はいじめを認識できていないかもしれないという意識を持つことです。そして、情報共有し複数の職員で疑わしい生徒の言動や表情を確認します。

（3）管理職への報告基準について

　本事例では、校長不在時に保護者が来校しました。管理職不在時も想定し「管理職へのほうれんそう」について、生徒指導担当教諭が心掛けていることを、再度一緒に確認しました。

> ✓ いじめ案件は校長マターであり、小さな事案であっても必ず第一報を入れることを全職員に徹底する。
> ✓ 対教師暴力や校外での犯罪行為など児童相談所・警察などの機関が関わる可能性があり、特に命や受傷し緊急性のある場合は、口頭で報告し対応を最優先する。一段落してからメモして報告する。
> ✓ 緊急性があり他機関への連絡が必要な事案は、他機関連絡後、他機関の意見も含めて報告する。
> ✓ いじめ、生徒間暴力、生徒が指導に不満を持っている事案、保護者が学校の対応に不満を持っている事案、その後の対応が必要になりそうな事案等、学年職員の対応では収まらず、管理職や教育委員会の対応が予想される事案に関しては特に意識して報告するようにする。

8章　"ほうれんそう"の事例検討

- ✓ 区役所に関わるものに対しては、要保護児童対策地域協議会（要対協）に関係する生徒の情報は定期的に伝えることを忘れないようにする。
- ✓ 指導の途中で、他機関に関わりそうな事案は、途中経過を含めて速やかに報告する。
- ✓ 多くの生徒が関わっている場合は、説明に時間がかかるので、メモを作成し、指導が終わってから報告する。

　学校では、様々な案件が多々発生します。学年対応ですむ案件もありますが、緊急性があり他機関連携が必須になる案件については、生徒指導担当職員が情報収集し、素早く判断して管理職へ報告することが重要となります。そのためには、日頃からの管理職と生徒指導担当教諭との綿密な意思疎通が重要となります。

　すべての校長が生徒指導を専門としているわけではありません。学校によっては、校長が役員等で、年間を通して出張が多く不在にしている場合があります。生徒指導やいじめ指導、事案対応の経験が少ない校長も存在します。副校長、教頭は事務処理に追われているのが現状です。それだけに、生活指導部の職員が中心となって、学校の中で何が起きているのかをしっかり把握し、判断し記録することが重要になります。

3 文部科学省の通知から

　生徒指導担当職員が、生徒の行為を確認したときに、違法行為ではないかと判断できる必要があります。管理職への報告も、そのことを意識して報告することが大切です。

　文部科学省（2023）は、「いじめ問題への的確な対応に向けた警察との連携等の徹底について（通知）」を各都道府県教育委員会教育長、各都道府県知事、各指定都市長等に通知しています。その中で各学校および学校の設置者に対して、**「一部のケースでは学校及び学校の設置者が法律に基づいた対応を徹底しておらず、被害を受けた児童生徒がいじめを苦に自殺する等最悪のケースを招いた事案も発生しています。」**と指摘しています。そして、学校だけでは対応しきれない場合や、生徒指導の範囲内と捉えて学校で対応し、警察に相談・通報することをためらっていると指摘されている現状を鑑み、**「児童生徒の命や安全を守ることを最優先に、こうした考え方を改め、犯罪行為として取り扱われるべきいじめなどは、直ちに警察に相談・通報を行い、適切な援助を求めなければなりません。また、保護者等に対して、あらかじめ周知しておくことも必要」**と下線を引いて強調しています。

　勤務校でも保護者に対して「学校と警察の連携について」という通知を年度初めの４月、７月、12月に同じものを３回配布しています。

　そこには、**「特に、暴力行為や授業妨害、器物破損など法律に違反する事案が起こった場合、必要に応じて警察と連携を図り、対応していく場合**

があります」と明記しています。

文部科学省の通知の添付資料1には、「警察に相談又は通報すべきいじめの事例」として、以下の記述があります。

「**いじめが発生した際、当該行為が犯罪行為（触法行為を含む）に該当するか否かを学校及び学校の設置者が、判断することは困難なことも多いが、『いじめ』として捉えがちなものについて、早期に警察に相談又は通報を行う必要がある場合もある。**」さらに、具体的な事例を通して詳しく説明しています。以下は添付資料1に示された3つの事案の例の抜粋です。

○ゲームや悪ふざけと称して、繰り返し同級生を殴ったり、蹴ったりする。
○無理やりズボンを脱がす。

➡暴行（刑法第208条）

暴行を加えた者が人を傷害するに至らなかったときは、2年以下の懲役若しくは30万円以下の罰金又は拘留若しくは科料に処する。

○感情を抑えきれずに、ハサミやカッター等の刃物で同級生を切りつけてけがをさせる。

➡傷害（刑法第204条）

人の身体を傷害した者は、15年以下の懲役又は50万円以下の罰金に処する。

○本人の裸などが写った写真・動画をインターネット上で拡散すると脅す。

➡脅迫（刑法第222条）

　生命、身体、自由、名誉又は財産に対し害を加える旨を告知して人を脅迫した者は、2年以下の懲役又は30万円以下の罰金に処する。また、親族の生命、身体、自由、名誉又は財産に対し害を加える旨を告知して人を脅迫した者も、前項と同様とする。

　「学校で起こり得る事案の例」に対する「該当し得る犯罪」として「暴行」「傷害」「強制わいせつ」「恐喝」「窃盗」「器物損壊等」「強要」「脅迫」「名誉毀損、侮辱」「自殺関与」「児童ポルノ提供等」「私事性的画像記録提供（リベンジポルノ）」の12の事例を挙げ、説明しています。

8章　"ほうれんそう"の事例検討

4　いじめ防止対策推進法の確認

　平成23年に起きた「大津市中２いじめ自殺事件」がきっかけとなり、平成25年に「いじめ防止対策推進法」が制定されました。この法律の第二条の「いじめの定義」を職員がしっかり理解することが大切です。

　ある公立中学校の学校便りからです。

　「いじめ」は法律でも定められているように、「心理的、物理的な攻撃（インターネット上も含む）を受けたことによって、精神的な苦痛を感じているもの」です。つまり、「つらく、苦しい、耐えがたい思い」をさせる行為、「受けた相手がつらい」と感じる行為が「いじめ」となります。

　私も朝会で次の話をしています。

　「相手が嫌だ、いじめられていると感じたらいじめである。私はそんなつもりではない、軽くやった、相手が大げさなんだは通用しない。相手がいじめだと思ったらいじめなんだ。」

　本事例でもあるように、からかわれたり、暴力を振るわれたりして、苦痛を感じて先生に相談したとします。いじめの定義を理解していないと、事案によっては「君もやり返していたよね」「笑いながら、じゃれていたよね」と被害者の心情に寄り添わなかったり、逆に被害者を諭すなど不適切な対応を行ってしまうことがあります。そして、間違えた認識の"ほう

れんそう”が行わることになります。それを防ぐためにもいじめの定義を
しっかりと理解し、複数の職員で確認することが予防の一つになります。

　令和6年8月、文部科学省はいじめの重大事態の調査に関するガイドラ
インの改訂版を出しました。その背景には「重大事態の発生件数は、令和
4年度に過去最多であり、法の施行から10年が経過したが、平時からの
学校と設置者の連携不足により対応が遅れた例や事前説明不足により調査
開始後保護者とトラブルになる例、重大事態調査報告書から、事実関係の
認定や再発防止策が読み取れない例等が存在していることから、この度、
ガイドラインを改訂する」とあります。

　ここでは2点取り上げます。

❶「③文部科学省の通知から」でも述べましたが、ガイドライン3
　章では学校等のいじめにおける基本的姿勢が追記されました。「犯
　罪行為として取り扱われるべきいじめ等であることが明らかであ
　り、学校だけでは対応しきれない場合は直ちに警察への援助を求
　め、連携して対応することが必要である。」と明記されています。

❷第4章の児童生徒・保護者からの申立てがあった際の学校の対応
　について追記され、別添資料2として、「重大事態に係る申立様式」
　が、いつでもネットからダウンロードできます。「児童生徒・保護
　者からの申立てがあった時は、重大事態が発生したものとして報
　告・調査等に当たる。
　（中略）法の要件に照らして重大事態に当らないことが明らかであ
　る場合を除き、重大事態調査を実施する。」と明記されています。

8章 "ほうれんそう"の事例検討

　本事例でもあるように、管理職に連絡がなく、保護者がこの様式を持参して、いきなり来校する場合や、教育委員会等に行く場合が考えられます。
　いじめで、つらく、悲しい思いを児童生徒や保護者がしないためにも、未然防止を意識すること、そして、いじめが起きてしまった場合、素早く対応できるためにも、日頃からの備えが必要となります。その要となるのが、管理職も含めた職員の"ほうれんそう"なのです。

147

★　　★　　★

　ここでは、今、日本の教育で最重要課題となっているいじめ問題の架空事例を取り上げて、管理職への"ほうれんそう"について考察しました。

　私が生徒指導部長（主事）を担当していたとき、二つのことを意識していました。一つ目は、教職員から信頼されることです。信頼されていれば、多くの情報が自然と入ると考えていました。そのために、私の専門でもあるカウンセリング技法の傾聴を心掛けていました。二つ目は、「肝心なときにいない」「また出張だよ」と言われないように意識しました。一番言われたくなかった言葉の一つです。

　校長となった今でも、その気持ちに変わりはありません。出張当日、何か問題が起きそうなときには出張を中止したり、何かあった場合には、出張途中で帰校しています。そして、その判断根拠になるのが、生徒指導部の先生方の"ほうれんそう"です。この正確な"ほうれんそう"が児童生徒の命を守る、と言っても過言ではありません。そのためにも、管理職と職員の綿密な信頼関係が必要です。その関係の上に、迅速で正確な"ほうれんそう"があるのです。

〈引用・参考文献〉
• 犬飼佳吾（2022）『こどもバイアス事典「思い込み」「決めつけ」「先入観」に気づける本』カンゼン
• 文部科学省（2023）「いじめ問題への的確な対応に向けた警察との連携等の徹底について」（通知）
• 文部科学省「いじめの重大事態の調査に関するガイドライン」令和6年8月改訂版
　https://www.mext.go.jp/content/20240830-mext_jidou01-000037829_3.pdf
•「いじめの重大事態の調査に関するガイドライン改訂の概要」
　https://www.mext.go.jp/content/20240830-mext_jidou01-000037829_2.pdf

9章

“ほうれんそう”
のための記録

1 "ほうれんそう"には記録が必要

　みなさんの学校では、事案が起きるとどのような流れで対応が始まるでしょうか。すぐに学年主任、生徒指導部長（主事）や管理職に報告する学校もあるでしょう。また、緊急報告が必要かどうかは教員が判断し、授業の合間や放課後に報告するようにしているという学校もあると思います。学校によって対応に違いがあります。しかし、生命に影響する自傷他害事案、けが、急な体調不良などの事案については、すぐに報告されているのではないでしょうか。

　例えば、子どもが体育の時間にけがをした場合、担当教員は、養護教諭に連絡、同時に職員室にいる学年主任や生徒指導部長（主事）もしくは管理職に報告、相談をし、保護者への連絡をしている学校が多いでしょう。まさに、"ほうれんそう"によるスムーズな組織対応と言えます。しかし、校内、保護者への"ほうれんそう"を終え、「子どものけがも大きな事故に至らず安心した」ことで終わっていないでしょうか。この後に、必要になるのが記録です。

　記録は、事案が起きた日時、場所、状況と対応状況、対応後の子どもや保護者の反応を客観的にありのまま残すことが大事です。記録は、授業中の安全がどのようにして守られていたのか、今後同じような状況が起きないために、どのような対応をしなければならないのかなどを検討するときに重要となります。また、緊急時の報告、連絡、相談を学校が行った証と

9章 "ほうれんそう"のための記録

して残ります。保護者から、学校の対応について確認されるようなことが生じたときは、記録が重要な意味を持ちます。校内の報告や外部報告も含め、記録をもとに報告することで、曖昧な報告にならず、誰に報告しても同じ内容を共有することができます。そして、それは報告を受ける側の取り違いを防ぐことにもつながります。口頭で"ほうれんそう"をすれば十分ではなく、"ほうれんそう"と記録があってこそ、教員の"ほうれんそう"が生きてきます。

2 些細と考えるときの "ほうれんそう" と記録

　些細な事案と考えるのは、誰が基準になっているのでしょうか。子どもは、些細なことと感じているのでしょうか。保護者はどうでしょうか。些細な事案と受け止めた学校に不満を感じているかもしれません。筆者（周防）は、学校サポートという立場で、多くの学校事案にかかわってきました。そして、些細な事案と判断した対応ほど危険なものはないと思っています。なぜなら、些細な事案と判断したことに根拠がないからです。多くの場合、些細な事案と判断したのは、事案が起こった直後の判断です。しかし、些細な事案だったとわかるのは、事案が起こった直後ではなく、その後です。

　学校で、次のようなことが起きました。

　昼休み、運動場で4年生と6年生の子どもが走っていてぶつかった。運動場にいた他学年の教員が、双方の話を聴き、二人ともけがもなく大丈夫と言ったので、指導をして終わった。3日後、4年生の保護者から学校に連絡が入った。保護者は「子どもから、走っていたら6年生がぶつかってきたと聞いている。相手は6年生で体格も大きい。当たられたところは、赤く腫れている。学校の対応はどうなっているのか」と言う。

　「運動場を走っていて子どもがぶつかる」って、よくあることじゃないかと思った教員は多いのではないでしょうか。また、ぶつかった後に、話を聴いて、指導もしているし問題ないだろうと考えた教員もいるのではな

9章 "ほうれんそう"のための記録

いでしょうか。「話を聴いて、指導した」ことで、生徒指導を行ったと考えているのではないでしょうか。実は「話を聴いて、指導した」が、対応の落とし穴になっている事案が多いです。

この事案の場合、運動場で対応した教員が、4年生と6年生の担任に昼休みの出来事を報告、相談すべきでした。教員は多忙であっても、子どもに関することには、対応の優先順位を高めなくてはなりません。4年生の担任に、保護者からの電話が入ったときに、担任は報告を受けていなかったことから、咄嗟に「自分は、状況を知りません」と答えていました。保護者は、担任はクラスの子どもの情報を把握し、対応してくれるものと思っています。そのため、担任の対応一つで学校への不信感を高めてしまうことになります。

些細な事案と判断することで、対応ミスが生じやすくなります。一人で判断することを避けて、他の教員と相談する（複数対応）体制を定着させることが組織対応には必要となります。また、報告、相談しなかった場合の事案は、事案が起きた状況や生徒指導を行ったことの記録が残ってないことがほとんどです。そのため、保護者に「他の教員が子どもたちから話を聴き指導を行った」と説明しても、学校の誠意は伝わりにくいです。

なぜかというと、"ほうれんそう"による報告、連絡、相談をしていなかったこと、記録がないことから、教員が不安を感じながら保護者対応をするからです。その対応に保護者が不信感を抱くようになります。

> 些細な事案と判断する前に「報告・相談」することで、
> 事案対応の判断を誤ることを予防する。

153

3　いじめ初期対応における　"ほうれんそう" と記録

「いじめかも？」と思ったら、発見や相談を受けた教員が一人で抱え込まず「いじめ対策組織」に、情報を報告することが原則です。はっきりした判断もつかないし、単なる友達関係の問題かもしれない等と一人で判断せず、組織的に判断することが大切です。

いじめ防止対策推進法が施行され10年余り経ちましたが、未だに、いじめ問題の初期対応ができていない学校があり、心が痛むことがあります。

> 「いじめかもしれない」事案の発見、相談を受けたときは、
> 必ず「いじめ対策組織」に報告・相談する。

筆者（周防）は、いじめ問題対策委員や第三者調査委員を経験する中で、いじめに対する認識が低く、初期対応の入り口である「いじめ対策組織」への報告・相談がなく、いじめ事案の長期化や重大事態へ移行している事案を見てきました。

教職員の抱え込みが許されないことの根拠に「いじめ防止対策推進法第23条第1項」に基づき、文部科学省「いじめの防止のための基本方針」において、「教職員は、児童生徒から相談を受け、いじめ事案があると疑われるときは、校内の『学校いじめ対策組織』への通報等の適切な措置をとる」とあります。また、「教職員が、いじめ情報を学校内で情報共有しないことは、いじめ防止対策法の規定において違反し得る」ことを明記し

9章 "ほうれんそう"のための記録

ています。

　「いじめ」を発見、相談を受けたときは、必ず「いじめ対策組織」に報告、相談するとともに、並行して発見時の日時、場所、行為の状況を客観的に記録することが必要です。また、相談を受けたときは、相談を受けた日時、場所、いじめの実態（日時、場所、行為）を、相談を聴いた内容をありのままに記録してください。発見、相談時の記録において、行為の状況は要約しないことが基本です。
　要約記録は主観でまとめられる傾向にあります。さらに、要約記録には記録者の子どもへの先入観、事案に対する個人の基準や価値観などが入りやすくなります。中立・公平な記録とはいえません。

✓ 誰が読んでも同じイメージができ、行為の実態把握ができるように記録する。
✓ 記録は記録者のイメージで書かない。

155

4 ケース会議後の "ほうれんそう" と記録

ケース会議では、支援を必要とする子どもが安心して学校生活を送れるよう、教職員や関係機関が参加し、具体的な支援や取り組みについて検討します。ケア会議などでは、保護者が参加することもあります。ケース会議では課題とされる事例に対し、会議の参加者（機関）がチームとして、支援目標、支援方針、役割分担を決めていきます。

文部科学省が行動連携という表現をしますが、まさしく学校だけでなく関係機関と支援目標、支援方針、役割分担を決めて、支援を必要とする子どもが安心して学校生活を送れるように、行動連携を行っていきます。ケース会議の目的は担当者だけでは解決が難しい事例でも、様々な支援者、支援機関の視点から意見を出し合い効果的な対応策を見出し、解決に向けて行動することです。支援の幅が広がり、状況を改善できる可能性が高まることに意義があります。

学校が開催するケース会議では、会議を次のように進めていきます。

❶学校は、"ほうれんそう"の記録に基づき事例を紹介、支援状況などの情報共有をする。

❷情報共有を行ったことに対する質疑応答を行う。

❸学校外の支援者から情報を提供してもらい、共有を図る。

9章 "ほうれんそう"のための記録

❹事例の見立て（アセスメント）と検討を行う。
❺支援目標、支援内容（支援計画）、役割分担を検討する。
❻次回の会議の予定を決める。

会議終了後の"ほうれんそう"

①報告：校内の支援関係者に対し、会議記録に基づき会議内容を報告し共有を図る。
②相談：報告後、学校の支援を相談し、支援方法、支援計画を決定する。

　会議終了後の"ほうれんそう"は、記録しておきます。次回の会議では、記録に基づき、会議後の相談内容とその後の支援状況を報告することになります。

✓ ケース会議後に、校内における支援の役割分担と支援の状況を報告・相談する時期を協議、決定する。

5 アセスメントシートや支援計画を活用した"ほうれんそう"

　子どもの問題行動の背景には、家庭や地域、学校などの環境の課題が複雑に絡み合っていることから、課題も1点に絞ることができません。そこで、子どもの状況を理解し、指導・支援を考えるためのアセスメント（見立て）が必要になります。

　アセスメントとは、子どもの状況（不登校、集団不適応など）がなぜ起きているのかを、情報を収集、分析、統合して、何らかの結果や評価を見いだすことを言います。アセスメントに基づき、必要な支援を記録したものをアセスメントシートといいます。さらに、支援目標、目標を達成するための課題、支援効果を評価する評価基準などを具体的に計画したものが支援計画です。

　アセスメントシートを作成することで、問題の背景や要因が明らかになります。そして、問題背景や要因を解決するために何をすればよいのかが、具体化されます。アセスメントシートから、支援計画を作成することで、校内の支援、役割分担の可視化だけでなく、子どもや保護者にとっても課題改善に向けた見通しが持ちやすくなります。支援計画をもとに、子どもの変化や状況を保護者に連絡し、支援について相談することで、教員と保護者の連携が図りやすくなります。また、情報の共有や連携は教員と保護者の関係を築き、継続するために重要です。

　アセスメントシートや支援計画を活用し、子どもの問題解決のために学

9章 "ほうれんそう"のための記録

校がすべきことを具体的に計画することで、組織的支援を実施しやすくします。組織的支援を行うためには、校内の報告、相談による情報共有は欠くことができません。アセスメントシートや支援計画を活用して、報告、相談を行うことは、先述したように、曖昧な報告にならず、誰に報告しても同じ内容を共有することができます。

　アセスメントシートや支援計画の作成には、最初は時間の負担があるかもしれません。しかし、アセスメントシートや支援計画を基本に支援を行うことで、校内の"ほうれんそう"が日常化、組織対応の円滑、子ども理解の深まりなどの利点が得られます。

6 希死念慮の発見時における "ほうれんそう" と記録

　子どもの問題は、学校、家庭、地域等の環境要因のほか、メンタルヘルスの課題が複雑に絡み合っています。近年は、ストレスや抑うつなどの増加により、教育現場においても希死念慮を訴える子ども、リストカットをする子どもへの対応が教員にも求められています。

　希死念慮は、「死にたい」というハッキリとした考えは出ていないが「死ねば楽になる」「死ねたらいい」という思いがあることをいいます。「死にたい」と思う中には、死にたい理由が明確でないものが多いです。「死にたい」と強く思いつつ、具体的な方法までは考えていない状態をいいます。希死念慮は、普通の「生きづらさ」や「困りごと」から始まることも多いため、子どもが日々の「困りごと」等を周りに相談できる環境にあるかが重要です。

　一方で、自死念慮は、解決をするのが困難と思われる問題・状況から逃避・脱却をするために「死にたい」と考えるものをいいます。

　また、自傷行為の代表的な行為の一つに、リストカット（リスカ）があります。リストカットとは、かみそりなどの刃物で自身の手首を傷つける行為としてよく知られています。

　希死念慮の訴えや自傷行為が繰り返されると、「また、やっている」「注目を集めたい行為」などと思う教員もいるかと思いますが、決して楽観的に考えないことが重要です。学校は、どのようなときも子どもを守るためには、過小評価をしないことが大事です。

9章 "ほうれんそう"のための記録

○学校における対応と支援

　自傷行為・希死念慮に関係することかもと思ったら、すぐ対応すること
が原則です。また、子どもから話を聴いた後は、決して教員一人で抱え込
まず、組織対応を行ってください。そのために、話を聴いた教員は「あな
たの命に関わる重大な問題であること」「あなたの命は何よりも大事なこ
と」「あなたの命を守りたいこと」などを伝え、必要な関係者（教員、保護
者）との情報共有について、同意を得るように努めてください。同意が得
られなかった場合も、「あなたを守りたい」という決意を伝え、必要な組
織対応をとることが重要です。教員一人で対応できる問題ではありませ
ん。また、学校だけで対応できる問題でもありません。一人で抱え込むこ
との危険性、学校だけで対応することの危機状況を意識し、組織対応を実
践してください。

　組織対応を行うために、養護教諭、生徒指導部長（主事）、学年主任、
管理職などに報告、対応相談をすぐに行います。また、保護者への連絡、
伝え方なども相談してください。「死にたい」という相談は初めてではな
いので、「見守っていよう」「次回のミーティングで報告しよう」などと考
えないでください。希死念慮などを発見、相談を受けたならすぐに組織対
応を行うことです。教員が一人で抱え込むには負担が大きすぎること、そ
して、一人では、子どもの生命は守れない、です。

　希死念慮、リストカットなどの事例では、記録は記憶が曖昧にならない
うちに必ず書きましょう。

161

子どもが語った内容は、必要な会話部分は逐語記録にするとよいでしょう。決して、教員の主観要約を残さないこと、主観が入った記録にしないことが原則です。また、報告、連絡、相談と対応の記録も残しましょう。

希死念慮・自死念慮は学校だけで対応できない問題と考える。
一人で抱え込まず、必ず組織対応を行う。

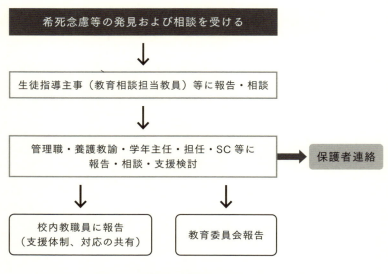

図3　希死念慮等の緊急組織対応の流れ（筆者作成）

9章　"ほうれんそう"のための記録

7　"ほうれんそう"と記録がある校内体制

　管理職は、子どもの問題は組織で取り組むことの必要性について、教職員の認識を高めることが重要です。そして、学校組織（チームとしての学校）として強化を図るためには、いかに教員の専門性を生徒指導に生かすかだと考えます。教員の専門性を組織の中で生かすためには、しなくてはならない行動と仕事があります。すなわち、組織対応を実践するための専門性を生かした"ほうれんそう"と、"ほうれんそう"の根拠となる記録です。組織対応に必要な「報告・連絡・相談」がなければ、組織対応は絵に描いた餅で終わってしまいます。

　次ページ**図4**「**組織対応の流れ**」にあるように、教職員が最初に"ほうれんそう"を行う情報集約担当者を明確にすることが重要です。例えば、学校の情報集約担当者といえば、生徒指導部長（主事）が担当している学校が多いと思います。しかし、生徒指導部長（主事）は多忙で、報告、相談したいことがあっても、職員室にいないことが多いという課題もあります。

　では、生徒指導部長（主事）が不在のときは、誰に報告、相談をすればよいのかを明確にしておくことが重要です。情報集約担当者を明確にしておくことによって、緊急時だけでなく、報告、相談したいときの"ほうれんそう"環境を整えることができます。報告、相談のタイミングを逃したことで、一人で抱え込んでしまうということもあります。ただし、情報集

163

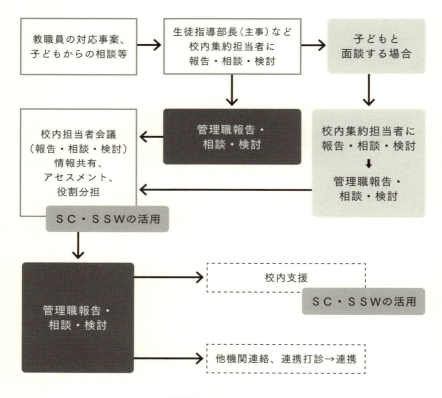

図4　組織対応の流れ（筆者作成）

約担当者以外の教員が、報告、相談を受けたときは、必ず報告、相談内容を情報集約担当者に報告する必要があります。

　組織対応の流れの**図4**を見ると"ほうれんそう"によって、組織のつながりを深め、実践が行われていくことがわかります。

　"ほうれんそう"と記録について述べてきましたが、組織対応の基礎と

9章 "ほうれんそう"のための記録

図5　学校組織の対応力を支える「教員の専門性」と「同僚性」

なる"ほうれんそう"と記録を支えているのが、教員の専門性です。ここで言う教員の専門性とは、観察力、生徒指導力、教育相談力、マネジメント力などです。その専門性をさらに高める同僚性によって、子どもの安全、発達保障を実現していくのが学校組織力（**図5**）です。

〈引用・参考文献〉
- 周防美智子（2021）「ささいなトラブルの記録と報告」『月刊生徒指導』2021年12月号、学事出版
- 周防美智子・片山紀子編著（2023）『生徒指導の記録の取り方 個人メモから公的記録まで』学事出版
- 周防美智子（2024）『子どものうつと問題行動・不登校の関連～「うつ」という子どものSOSと学校ができる支援』学文社
- 周防美智子（2024）『子どもの抑うつと問題行動の関連』Medical Science Digest.
- 周防美智子（2025）『生徒指導の観察と気づき～見えにくい課題に気づく観察ポイント～』学文社
- 文部科学省（2013）「いじめの防止等のための基本的な方針」
- 文部科学省（2022）『生徒指導提要』

10
章

"ほうれんそう"で
情報を共有した後の
すすめ方

最終情報を共有したからといって、その後が必ずうまくいくわけではあ
りません。そこで、最終情報を共有した後のすすめ方について述べます。
　念のため、最終情報の種類を確認しておきます。最終情報といっても、
結構アバウトで曖昧なものを含んでいますが、それでもよいのです。

①事実がわかり、双方に非があった最終情報
②加害者と被害者の事実が一致した最終情報
③双方の事実が一致せず、加害者が非を認めなかった最終情報
④加害者がわからなかった最終情報

　①と②はすっきりと解決することはなくても、解決への選択肢は少なく
迷うことはありません。③は事実はわかっても、加害者が認めず一致しな
い場合で、④は何らかの理由で加害者がわからなかった場合です。
　細かな部分でさらにいくつかに分かれると思いますが、学校現場でよく
起こる最終情報を大別すればこの4つかと思います。加害者がわからなか
った④は、数は多くなくても起きると、膨大な時間と労力を費やすことに
なります。
　現場の教師はこの①〜④からいよいよ指導を開始することになります。
"最終情報" が確定できても終わりではなく出発です。ここから解決に向
けた対応です。

10章 "ほうれんそう"で情報を共有した後のすすめ方

 # 事実がわかり、双方に非があった最終情報

　事実が双方で一致した場合です。通常は、なかなか一致しないのが普通で、場合によっては第三者の見聞きした言動まで調べて、ようやく相手が認めるというケースも多くあります。

　そのプロセスも含めて保護者に"ほうれんそう"することになります。そうしないと双方の保護者には、なぜ日にちを要したかはわかりません。また、わが子は正直に話したのか、なぜ最初はウソをついたのか、どんな態度だったのか、きちんと事実を認めたのかなど、子どもの本当の姿を知ってもらうためにも必要です。

　ですから、決してこの種のものを「大したことないから、大げさにすることもない」「双方が非を認めているのだからよくあることだ」などと軽視してはいけません。

　また、必要以上の叱責をしてはいけません。保護者への"ほうれんそう"も「お子さんにはとても迷惑している」という姿勢ではなく、「担任として心配をしています。これからは学校と家庭でよく連絡を取り合い見ていきましょう」という姿勢で接することです。

　では、細かな手順をおって列挙しておきましょう。（次ページ）

❶ 双方の子に最終情報である確定したと思われる事実を確認しておきます。もし細かなところで事実に異論があれば、「そこはＡ君とＢ君は一致しないですね」と保留にして全体に大きな違いがなければすすめることができます。重要な違いなら元に戻って調べ直すことになります。
学年主任・学年生徒指導係にも“ほうれんそう”します。

❷ この段階で双方の保護者に連絡をし、事実経過を了解してもらいます。ごく軽微ないざこざであれば電話でもよいですが、複雑なものは家庭訪問です。お互いに非があったことがよくわかるように説明することがポイントです。

❸ その上で、本人たちに今後の解決策を考えさせます。事実がわかったのですから、双方に今の気持ちを聞くとよいです。もちろん、双方に非があったトラブルで「いざこざ」や「もめごと」の類の場合です。先に分類した最終情報②の加害者と被害者がいる場合とは根本的に区別します。
双方に非があった場合は、多くの場合、例えば、「僕も確かに言ったけど、叩いたりしないでほしい」などと自分の非も認めます。これは調べる過程で「そうか。僕の言ったことが原因の一つだったのか」とすでに自覚できていますから、難しいことではありません。ですから、聴き取りは丁寧にされていないとだめです。そうしないと自覚できません。
学年主任・学年生徒指導係には“ほうれんそう”します。

❹ いよいよ解決策を決めます。どうしても子どもから出ないときは、教師側が「Ａ君は気に入らないとすぐ悪口を言いますね。だからトラブルが多いんですよ。Ｂ君はすぐに手が出てしまいますね。口で言わないとね」などと具体的に指摘します。お互いに非があったことがよくわかるように説明

10章 "ほうれんそう"で情報を共有した後のすすめ方

することがポイントです。終わり方（例えば、「謝罪し合う」「今後お互いに関わらない」など）も相談・提案します。保護者の合意を得て、解決策にすすめます。通常、その上で双方が謝罪し合うことになります。
双方の保護者には解決策の了解を得ることが前提です。
学年主任・学年生徒指導係にも経過を"ほうれんそう"します。

5 謝罪はそのまますぐに終わらせてもよいと思いますが、謝罪の終了後はその様子を含めて双方の保護者に連絡します。ただしこの種のことが頻繁に起こるなら、日をあらためて双方の保護者を入れて謝罪をし合うこともあります。その場合は双方の保護者になぜそうするのかを説明し、了解を求めます。
また、学年主任・学年生徒指導係にも"ほうれんそう"し、これで終了することを相談します。

6 その後の様子もよく観察し、適宜様子を保護者に連絡したり、加害者と被害者に必要な指導をしたりする必要があります。

このように6つのステップがありますが、1日で複数のステップに対応できますから、面倒がってはいけません。丁寧な対応を積み重ねれば、子どもと保護者の信頼を得ることになります。

2 加害者と被害者の事実が 一致した最終情報

　事実が一致していますから、次の手順は難しくありませんが、時には保護者が納得いかず揉める場合も少なくありません。この場合は学校側の対応に不備があったりした場合が多いですから、手を抜かずに丁寧に対応します。

　筆者自身の勤務校であった実例として、加害者が親子で被害者宅に謝罪に行ったところ、謝罪の態度が酷かったらしく、翌日学校に抗議の電話がきました。「本当に指導してくれたのか」「自分の行為のどこが悪かったのかもよくわかっていない。学校は何をしているんだ」と、批判の矛先が学校に向かい、その後終了までにずいぶんと日を要しました。

　また、加害者が謝罪の中で自分のやった行為は認めても、常に言い訳が前面に出てしまい、被害者の保護者から「本当に反省しているのか」という批判が担任に向けられ、担任はその対応に頭を悩まされたこともあります。

　これらはいずれも学校側がきめ細かな手順を踏まずにすすめてしまい、「この件は加害者・被害者の構図がはっきりしているから、認めて謝罪すれば終わるだろう」と安易な判断をしてしまった例です。

　事実を調べて確定する過程には、加害者の保護者も被害者の保護者もいないわけですから、学校側が思うほど保護者たちには事実の重大さや重みは伝わらないものなのです。臨場感のある報告を怠ったためです。

　臨場感のある報告とは、例えば「A君は認めました」というだけでなく、

10章　"ほうれんそう"で情報を共有した後のすすめ方

「その日はなかなか認めなかったのですが、周囲にいた数人の子どもの証言もあり、翌日認めました」などと説明すれば、加害者の保護者はわが子が正直に認めなかったことを知ることになりますし、被害者の保護者には学校の諦めずに取り組んだ姿勢が伝わります。同時に加害者の反省度が伝われば、「謝罪に来たのだから、とりあえず受け入れて様子を見よう」などとなるかもしれません。

　手を抜かずに丁寧に対応するとはこういうことです。

　手順はこうなります。先の「事実がわかり、双方に非があった最終情報」の手順と同じ箇所と違う箇所があることにご注意ください。

❶ 双方の子に最終情報である確定したと思われる事実を再確認しておきます。もし細かなところで事実に異論があれば、「そこはA君とB君は一致しないですね」と保留にして全体に大きな違いがなければすすめることができます。重要な違いなら元に戻って調べ直すことになります。
この確定した最終情報は学年主任・学年生徒指導係・生徒指導部長（主事）にも"ほうれんそう"する必要があります。

❷ この段階で双方の保護者に連絡をし、事実経過を了解してもらいます。　家庭訪問でなければいけません。加害者・被害者の保護者の言外の意向や不満を知るためです。電話では臨場感のある報告はとてもできません。　双方の保護者から事実経過の了解を得なければ、次にすすんではいけません。事実経過に大きな疑義や不満を抱いたままでは解決はできません。
先に述べた筆者の勤務校での実例は、加害者への不満だけでなく、担任や学校側への不信感からきたものと考えられます。事実経過の説明には担任だけでなく、学年主任・学年生徒指導係の教師が一緒に赴くことが必須です。

173

❸ まず必要なのは加害者への指導です。やってはいけない行為をしたわけですから説諭が必要です。指導後は、加害者の保護者に連絡をしておきます。説諭の内容は本書のテーマではありませんので省きます。

❹ 次は終わり方です。この場合は加害者がはっきりしているわけですから、「謝罪の場」を設けることがほとんどです。

謝罪の場に本人たちだけでなく、双方の保護者にも同席してもらうかどうかは、加害者・被害者の保護者とよく相談する必要があります。被害者の保護者にはまれに「もう関わりたくないから、二度としないと約束してくれたならそれでいい」という場合もあります。

加害者には謝罪の場を設ける意味をわからせておきます。加害者にとって何人もの大人の前で謝るにはそれなりの決意も必要なのです。「被害者の保護者には安心してもらい、加害者の保護者には二度としない約束をわが子にしてほしい」から、などと。

学年主任・学年生徒指導係・生徒指導部長（主事）にも"ほうれんそう"し、謝罪の場の計画をします。

❺ 謝罪は学校で開きますが、ことの大きさに妥当なレベルの教師も参加します。最低、事実調べなどをした担任・学年主任・学年生徒指導係は参加し、生徒指導部長（主事）や学校長が参加する場合もあります。

❻ その後の様子もよく観察し、適宜様子を保護者に連絡したり、加害者と被害者に必要な指導をしたりする必要があります。

10章　"ほうれんそう"で情報を共有した後のすすめ方

3 双方の事実が一致せず、加害者が非を認めなかった最終情報

　このケースは起きた事実経過もわかり、周囲にその事実を見聞きした生徒が確認もしている場合と考えてください。ここまではっきりしているのですから、前述の ② のようになるのが普通ですが、それがならないのです。

　例えば、いつも小突かれたりしている子が訴えてきたとします。担任が事実を確かめたところ、加害者は「ただ、ぶつかっただけです」と主張しました。周囲の子たちに確かめても、「あれはわざとですよ」と言います。

　このような例は数としては多くありませんが、荒れた学級ではよくあることです。つまり、起きた事実をおおむね認めているのですが、決定的な最後のところは「わざとではない。たまたま足が当たっただけだ」などと主張します。その保護者もわが子の言い分にそって「担任は決めつけるのか」などと、担任を批判し揉めます。

　そのため、もっとも神経と時間のかかる最終情報になってしまうかもしれません。事実が一致しないからといって、一致するまで聴き取りを続けるわけにはいきませんし、「一致しないから終わりにします」というわけにもいきません。

　まず、この最終情報の"ほうれんそう"と対応のポイントを述べておきます。

175

❶ 加害者が事実を認めるまで時間をかけたり、「ウソをついているね」「本当のことを言いなさい」などと追及したりしてはいけません。この段階はあくまで「疑い」であり、事実が違うこともあるからです。

❷ 双方の保護者には、詳しい経過などをよく説明し、加害者（と思われる）の言い分を正確に伝えます。例えば、「わざとではない。たまたま足が当たっただけだ」などと。学校側が脚色して言い分を伝えてはいけません。後に保護者と学校側が揉める原因にもなります。

❸ 学校側が加害者と思われる子について、「ウソを言っていると思います」とか「この子はこういう子なんです」などと、たとえ過去にそういうことがあっても偏見と思い込みで伝えてはいけません。これも後に保護者と学校側が揉める原因にもなります。加害者と思われる子について、どう思うかは被害者側が決めることです。

以上のポイントを踏まえると、手順はこうなります。

1 双方の子にこう伝えます。「ここまで調べても事実が一致しないので終わりにしますが、双方の保護者には学校側が経過と結果を伝えます」。
この段階までの経過はすべて学年主任・学年生徒指導係・生徒指導部長（主事）などに"ほうれんそう"し、助言ももらいます。

2 加害者と被害者への指導です。加害者には例えば「勘違いされるような言動は慎むこと。あのぶつかった時点でひとこと謝っていればこうはならなかったはずです」などと指導します。被害者には「今後もこういうことがあったらすぐに教えてください。今回はたまたまぶつかったということで

176

10章 "ほうれんそう"で情報を共有した後のすすめ方

すが、二度も三度もあったらおかしいですからね」と伝えておきます。

❸ 双方の保護者にはそれぞれ対応します。同じ教師が別々の日に説明に行きます。最低、担任・学年主任・学年生徒指導係が行って経過を詳しく伝え了解を求めます。先のポイント❷、❸を踏まえます。
この結果を学年主任・学年生徒指導係・生徒指導部長（主事）に"ほうれんそう"します。

❹ 双方の保護者が了解してくれれば終わりにしますが、もし被害者側が「見聞きした子までいるのに、認めないというのは納得がいかない。学校側の対応が甘すぎるのではないか」などと主張してきたら、学校側はこれ以上は限界であることを説明します。「本人がわざとではないと主張する以上は、それはそれで信用するしかありません」などと。双方の主張が平行線の場合、どちらの立場にも立てないし、立たないということを貫きます。

❺ また加害者側が「疑われた」ことを問題視した場合は、「学校側はこのような訴えがあったときは、今回のような対応をするのは当然です。しかし、事実を双方から聴き取っても一致しないのですから、学校側はどちらかが正しいのかは判断できません」という立場になります。
❹も❺も学年主任・学年生徒指導係・生徒指導部長（主事）・管理職に"ほうれんそう"し、対応を検討します。

❻ ❹や❺で保護者が納得いかず、執拗に抗議してくる場合は、担任としての対応は限界であることを伝え、ここからは管理職の対応に移行します。電話などがきても応じず、管理職に対応してもらいます。
このようなケースはまれにしかありませんが、長い教員生活の中では必ず起き得ることですから、対応策は想定しておく必要があります。

177

4 加害者がわからなかった 最終情報

　例えばこういうケースです。「教科書が破られたり、持ち物に落書きがされたりしたが、誰が書いたのかはわからない」「体操着やノートがゴミ箱に入れられてあったが、誰がしたのかはわからない」「何度も廊下などですれ違いざまに『死ね』などと言われるが、誰が言ったのかははっきりとわからない」。「いじめ問題」ではよくあることです。器物破損行為や金品の盗難などでもよく見られます。

　この種の問題は教室に誰もいない放課後や別の教室に移動するときに起きますから、見聞きした者もいません。そのため通常は"犯人"がわかりません。本書は対応策を目的とする本ではありませんので省きますが、では「犯人」がわからないまま、どのように保護者に"ほうれんそう"するかを述べます。いい加減な"ほうれんそう"では、担任は信頼感を失うことになります。

　この最終情報の"ほうれんそう"と対応のポイントを述べておきます。

> ❶ 被害者の生徒とその保護者には、「"犯人"はわからなかった」ことを伝えますが、その対応の経過は詳細に報告しないと保護者には伝わりません。「学校はそれだけ時間をかけて取り組んでくれたのか」が伝わってはじめて、"犯人"がわからなくても理解してくれるからです。
> ❷ 二度目が起きないように本人の防衛策と学校側の対策を相談します。

10章 "ほうれんそう"で情報を共有した後のすすめ方

防衛策や対策は本書の目的ではありませんので省きますが、起きたことが盗難なのか、嫌がらせ（いじめ）なのか、などによって全く違いますから、"ほうれんそう"して、よく相談をします。

❸ 見守りとして、本人や保護者から学校での様子を聴くようにします。

以上のポイントを踏まえると、手順はこうなります。

❶ "犯人"がわからないと断念した段階で、学年主任・学年生徒指導係などに "ほうれんそう"して、相談・助言をもらいます。

❷ 被害者に「誰がやったのかはわからなかった」ことを伝えます。担任として、「どのように調べたか、その結果はどうだったか」などを伝えます。担任や学校側が労力を割いて取り組んだことがわかれば、たいがいは納得してくれるでしょう。
担任は子どもに「両親にも説明しておいてください」などとして、保護者への説明を省いてはいけません。

❸ 次は被害者の保護者への説明です。被害者本人に説明したことを今度は保護者にも説明します。起きた内容にもよりますが、悪質な嫌がらせ行為などの場合は、学年主任や学年生徒指導係も同行すべきです。
結果も含めて学年主任・学年生徒指導係などに"ほうれんそう"します。

❹ 了解をもらうことができたら、保護者と防衛策や学校側の対策を相談します。教科書が破られたりした被害を受ければ、当然、保護者としては継続した被害を心配しますから、不可欠な相談です。

5 もし、保護者が「犯人がわからなかったでは困る」と批判してくるのであれば、「ここからは管理職の対応に移行します」と宣言し打ち切ります。電話などがきても応じず、管理職に対応してもらうことになります。

この経過は学年主任・学年生徒指導係・生徒指導部長（主事）・管理職に "ほうれんそう" します。

※本章をお読みになっている方の中には、"ほうれんそう" よりも問題行動の対応策のほうが気になった方もいるはずですが、本書の目的が "ほうれんそう" のため割愛しています。対応策については拙著『生徒指導「トラブル対応」の教科書』（学事出版）の「事例編」と「プロセス編」をお読みください。

おわりに

　法隆寺を建立したのは聖徳太子、江戸城を築城したのは太田道灌というのが模範解答ですが、今風にいうならむしろ二人は施主に近いかもしれません。実際に造ったのは石工、左官、大工さんなどの職人集団のはずです。

　この職人集団なしには法隆寺も江戸城も造ることは不可能でした。

　生徒指導の現場もこの職人集団がいないと成り立ちません。どんなにりっぱな理論があっても、現場の先生たちの実践に役立つものでなければ意味がないと思います。

　理論にさえ精通していれば、生徒指導がうまくいくかというとそうはいかないのがこの世界です。

　最近ある新聞で含蓄ある言葉に接しました。国立病院機構長崎医療センターの八橋弘医師が医学生に、「医学には正解があるが、医療に正解はない」と語り聞かせているといいます。「正しいかどうかが問われる医学に対し、何が適切なのかを探るのが医療なのだ」という意味のようです。

　医学が生徒指導の理論で、医療が学校現場の対応と置き換えれば、まさにそのままではないでしょうか。

　本書は生徒指導の世界では、細微なこととされ扱われることがほとんどなかった"ほうれんそう"を主題にしています。生徒指導の世界ではほとんど自明の用語になっていますが、これを真っ正面から検討した議論はありません。ところが、生徒指導の対応の失敗はこの"ほうれんそう"の失

敗に起因することが多いことに危惧して本書をつくりました。

　本書は『月刊生徒指導』の増刊号を書籍化したものですが、幸いなことに、新たに岡山県立大学准教授の周防氏、生徒指導の実践が豊富な横浜市立中学校長の瀬田川氏が執筆をお引き受けくださり、７章〜10章を追加収録し、充実したものにすることができました。

2025年 春　**吉田　順**

編著者

片山　紀子 ┊ 1章、2章、5章、6章

奈良女子大学大学院 人間文化研究科 比較文化学専攻、博士後期
課程修了、博士（文学）。現在、京都教育大学大学院 連合教職実
践研究科 教授。主な著書に『五訂版 入門生徒指導─「生徒指導
提要（改訂版）」を踏まえて』（単著・学事出版）、『支配でも放任
でもない学級担任術』（編著・明治図書）などがある。

吉田　　順 ┊ 3章、4章、7章、10章

生徒指導コンサルタント。横浜市で37年間公立小中学校に勤務。
担任32年、生徒指導部長16年、学年主任13年を兼任。2011年定
年退職。その後、大学非常勤講師・講演・執筆などに専念。
主な著書に「教科書シリーズ」「鉄則シリーズ」「荒れシリーズ」
として全９冊（学事出版）、『生徒指導主事の仕事術55の心得』（明
治図書）など。

著　者

瀬田川　聡 ┊ 8章

横浜市立南瀬谷中学校 校長

周防美智子 ┊ 9章

岡山県立大学 保健福祉学部 現代福祉学科 准教授

生徒指導の"ほうれんそう"の仕方

チーム学校から保護者対応まで

2025年5月13日　　初版第1刷発行

編著者　片山紀子　吉田　順
発行人　鈴木宣昭
発行所　学事出版株式会社
　　　　〒101-0051　東京都千代田区神田神保町1-2-5
　　　　電話　03-3518-9655
　　　　https://www.gakuji.co.jp/

©Noriko Katayama, Jun Yoshida, 2025　Printed in Japan

編集担当　星　裕人
イラスト　松永えりか
本文・表紙デザイン　松井里美
印刷・製本　研友社印刷株式会社

落丁・乱丁本はお取り替えします。
ISBN 978-4-7619-3062-2　C3037